قال تعالى : (قُلْ لَوْ كَانَ الْبَحْرُ مِدَادًا لِكَلِمَاتِ رَبِّي لَنَفِدَ الْبَحْرُ قَبْلَ أَنْ تَنْفَدَ كَلِمَاتُ رَبِّي وَلَوْ جِئْنَا بِمِثْلِهِ مَدَدًا)

التطوير الإداري

مفاهيم حديثة

التطوير الإداري

مفاهيم حديثة

الدكتور

محمود يوسف عبد الرحمن

الطبعة الأولى

2012م/1433هـ

دار البداية ناشرون وموزعون

المملكة الأردنية الهاشمية
رقم الإيداع لدى دائرة المكتبة الوطنية (2009/12/5272)

350
عبد الرحمن ، محمود
التطوير الاداري :مفاهيم حديثة / محمود يوسف عبد الرحمن
. _ عمان: دار البداية ناشرون وموزعون ، 2009.
(   ) ص.
ر.أ: (2009 / 12 / 5272   )
الواصفات: / الادارة العامة // التطوير الاداري /

* إعدادت دائرة المكتبة الوطنية بيانات الفهرسة والتصنيف الأولية
*يتحمل المؤلف كامل المسؤولية القانونية عن محتوى مصنفه ولا يعبر هذا المصنف عن رأي دائرة المكتبة الوطنية او أي جهة حكومية أخرى .

الطبعة الأولى
2012م / 1433هـ

دار البداية ناشرون وموزعون
عمان - وسط البلد
هاتف: 4640679 6 962+ تلفاكس: 4640597 6 962+
ص.ب 510336 عمان 11151 الأردن
Info.daraibedayah@yahoo.com
مختصون بإنتاج الكتاب الجامعي

الإهداء

إلى عشاق الحرية

الفصل الأول

دور إدارة الموارد البشرية

في إعداد إستراتيجية المؤسسة

دور إدارة الموارد البشرية في أعداد إستراتيجية المؤسسة

لاشك أغلبية أفراد الملاك البشري في تحديد وصياغة الأعمال الإستراتيجية في مؤسساتهم برغم ما لمشاركتهم من أهمية بالغة، وبغية دفع الإدارة إلى تبني تلك المشاركات يكون فيدا بينان ما هي الإستراتيجية في مفهومها التقليدي، وما هو المسار الاستراتيجي للعمل عبر حركتيه المستمرة.

تشمل الإستراتيجية وفق (مدرسة هارفارد للأعمال) تحديد الأهداف والغايات في المؤسسة، وخيار السياسات، وإعداد الخطط الأساسية لإتمام تنفيذ تلك الأهداف والغايات إنها إذا ما يلي:

- شاملة (تخص الوظائف العديدة في المؤسسة).
- موجهة نحو الأمد الطويل.
- تهتم في الانسجام (تنسيق السياسات).
- تركز على العلاقات بين المؤسسة / البيئة.
- مصاغة بشكل رسمي وواضح أم لا.

ويتألف المسار الاستراتيجي من مقاربة حركية للمسائل في المؤسسة، القائمة على مراحل مختلفة مثل:

- المواجهة بين المؤمل والممكن.
- صياغة الهدف (أعداد الإستراتجية ما).
- تحديد خطة التنفيذ.

نظام الأهداف المتعايشة في المؤسسة (أهداف المدراء / الملاك البشري):

يفترض التحدث عن أهداف المؤسسة إمكانية اعتبارها كوحدة مستقلة عن الأفراد الذين يكونونها، والقادرة على التمييز والتعبير عن أهدافها الخاصة.

يعارض تلك الفرضية المبسطة محللو المؤسسات الذين يرون أن الأشخاص وحده لهم الأهداف، ولا يمكننا سوى أن نشاطرهم الرأي بسبب الموقع الممنوح للموارد البشرية، بل وبدقة أكثر بسبب مسألة التوافق أو التعارض بين أهداف المدراء وأهداف العاملين.

أهداف المدراء في المؤسسات:

يتصف كل مدير مؤسسة بخصوصية شخصية تقوده لامتلاك مصفوفة وحيدة من الخيارات، هذا لا يعني بأن كل المصفوفات مختلفة عن بعضها بعضاً بشكل دائم أو إذ أن الاعتراض المعبر عنه من أغلب المحللين يؤكد كثير من المؤلفين الذين يقترحون نمطيات للقادة/المدراء.

ماذا نملك من تلك التعددية، وما هي الفائدة التي نأخذها بالحسبان؟

تفرد كل مدير وتعددية الأهداف

بشكل عام، تتسم الأهداف بما يلي:

- أهميتها (عمومية، ثانوية).
- مداها (عدد الميادين التي تغطيها).
- ترتيبها المتسلسل (أفضليتها، مدى كونها عاجلة).
- افقها الزمني (أمد قصير، أمد متوسط، أمد طويل).
- مدى كونها عملية (الغائية المتضمنة، التأهيل والطابع الرسمي)
- انسجامها (التوافق فيما بينها).

وتتسم أيضا بطبيعتها وبتعدديتها، وبطابعها العام أو الشخصي جدا.

عندما نخص المدراء، يمكن إجراء الفصل بين الأهداف التي تطبع الأمنيات العامة من طرف،والأهداف التي تعبر عن التنفيذ العملي عبر معالمها الاجتماعية والاقتصادية.

الأهداف العمومية (السياسية):

- الحظوة، السلطة.
- التحقيق الذاتي.
- الاستقلال، القوة.
- الخلود.

الأهداف التنفيذية:

- الأداء الاقتصادي
- الكيفية، المرونة.
- الأداء الاجتماعي.

الاستقرار والأمن:

لتحديد الأهداف العمومية والتنفيذية الأساسية للمدراء في المؤسسات، من المفيد إجراء ما يلي:

- توضيح الدوافع التي تدفعهم إلى أنشاء مؤسسة، وتنفيذ عمل فيها.
- معرفة الدوافع الشخصية المضمرة/ للانخراط في المؤسسة.
- تحديد سماتهم الشخصية ومحدداتهم العضوية والاجتماعية / الثقافية.

إذا تتنوع الدوافع التي تقوم الأفراد إلى إنشاء مؤسسة ما، ويمكننا حصر الدوافع الملاحظة على المستوى العام بما يلي:

- دوافع الإنشاء: نعرض أكثر كما يلي:
- تقليد أنموذج سلوكي ما (عائلي، اجتماعي...)
- فقدان عمل (الإرغام على المبادرة).
- الحرمان قياساً إلى السياق العائلي أو المهني.
- ضرورة استعادة قضية ما (إرث عائلي أو مؤسسة في وضع صعب).
- يجب الأخذ بالاعتبار الأسباب التي تسجل في إطار الزمن (وأهداف القادة / المدراء).

الدوافع الشخصية للانخراط في المؤسسة : يمكن عرض أهمها كما يلي:

- الحاجة للممارسة سلطة على الأفراد أو الوقائع.
- الحاجة للتجديد (تقديم الجديد) للخروج من الحياة اليومية.
- الحاجة للاستقلال (رفض كل خضوع أو طاعة).
- حاجة التحقيق الذاتي (الإنجاز).
- حاجة النجاح الاجتماعي (الترقيات).
- حاجة الدخل (الربح).

يتعلق اختيار الأهداف، وتنفيذها العملي، ومصداقيتها والانسجام الحاصل لدى الأفراد، يتعلق كل ذلك بالسمات الخاصة بكل مدير.

السمات الشخصية للمدراء: نذكر الأكثر دلالية منها كما يلي:

- التفاؤل.
- التكيفية.
- الثقة بالنفس.
- الجاذبية.
- الاستقرار العاطفي.
- التنبؤ.

- الثبات، الحزم.
- حالة المعرفة ومستوى الخبرة.
- القدرة على العمل والطاقة الحيوية.
- الذكاء (سرعة الفهم).
- السرعة.
- القدرة على سماع الآخرين.
- حسن المجازفة.
- الروح الاجتماعية (الانفتاح على الخارج).
- الابتكار والإبداع.
- الحسن العلمي (الواقعية).
- المبادرة.

هنا، يجب الأخذ بالحسبان بعض المحددات العضوية والاجتماعية والثقافية في مقدمة تلك السمات الشخصية الموجزة كما يلي:

المحددات العضوية والاجتماعية / الثقافية للمدراء: التي تشمل بشكل أساسي ما يلي:

- العضوية (الحالة الجسدية، الصحة، الجنس، العمر،.....).
- الثقافة (منظومة القيم، الأفكار، الأصل الإقليمي......).
- العائلية (السلطة، مدى التسامح، التوازن،......).
- الأوضاع العامة (الوقائع الاجتماعية التي أثرت على الفرد مثل: حادث، طلاق، موت).

أخذا بالحسبان تعددية العوامل المحددة لشخصية المدير، وبالنتيجة أهدافه وغاياته، يمكننا تصور جانبيات عديدة للمدراء، لذلك نستخدم مصفوفة تحليل تعلم أهداف المدراء كما يلي:

- **مصفوفة تحليل لتوضيح الأهداف لدى المدراء:**

صممت تلك المصفوفة كلوحة لها مدخلان وتحتوي عددا من الأهداف والاتجاهات الممكنة، بينما تساعد الحقول الأخرى على تفسير خصوصية المدراء.

أهداف العاملين والأشكال التشاركية في إدارة المؤسسات:

- أهداف العاملين: يتلقى هذا السؤال عن أهداف العاملين جوابا نمطيا يترجم بالثنائية التالية:
- المؤسسات (أو المدراء) لهم أهداف.
- العاملين (الأفراد أو الجماعات) تحركهم سلسلة من الحاجات.

انطلاقاً من هذه المسلمة، يمكننا القول بأن العاملين يرون المؤسسة تشبع حاجاتهم كليا على الصعيد الفردي أو الجماعي، لكن عدم إشباع الحاجات سيترجم استياء الأفراد ومجموعات العمل، إذا يعطي الإشباع أداء اجتماعيا كبيرا وأداء اقتصاديا كبيرا جدا وتساهم في ذلك البنى التالية :

- **البني التسهيلية (التبسيطية):**

أشكال التعاون / العمل:

يقود الشكل التعاوني، المجسد غالبا في المؤسسات التعاونية العمالية الإنتاجية، وخاصة في الوحدات ذات الحجم الصغير إلى مشاركة قوية للأشخاص في العمل.

صحيح أن الأفراد وملاكي رأس المال يتحدون تماما، وأن الأهداف يتم مناقشتها بإسهاب وتتساوى القاعدة رجل = صوت.

لهذا، ستقود القيمة رجل = صوت الأفراد التعاونيين إلى التعبير عن رأيهم حول مهام المؤسسة. ومن وجهة النظر تلك تتحقق المشاركة في تثبيت الأهداف، ويتحد العمال والمدراء وتتوافر هوية الأهداف بالأغلبية.

أشكال التعاون / العمل المهني:

هنا، ليست القانونية هي التي تشكل محدد المشاركة في الأهداف بل الكفاءة من أعلى مستوى، أو المهنية عالية المستوى لدى العمال، في كثير من المؤسسات التجديدية في ميادين التكنولوجيا المتقدمة مثل الالكترونيات، والمعلوماتية، وغيرها، تبدو سيرورة الإبداع وتنظيم المؤسسات تبتعد عن النماذج التقليدية القائمة على الفصل بين التفكير/ التنفيذ (الأنموذج التايلوري).

في تلك البنى التنظيمية، يكون وسطى مستوى التأهيل عاليا، والعلاقات التربوية قصيرة، ونظام الاتصال غير رسمي، وتعطي الأفضلية للكفاءة، وتصبح أهداف المؤسسة في الغالب كنتائج للمواجهة بين محرك المشروع الذي يملك عموما مسارا استشاريا قويا وبين المتعاونين الآخرين أو العمال، أي تناقش الأهداف وتنجم عن مشاركة الجميع.

هنا، تختلف الأفكار بدقة عن الحالة السابقة وتتجه المعادلة رجل = الصوت، كي تصبح كفاءة = صوت.

شكل الإدارة التشاركية بالأهداف:

سنذكر المبادئ التي استوحى منها هذا النمط من الإدارة التشاركية كما يلي :

- تعرض الإدارة في الغالب الأهداف العامة (أو التوجيهات الإستراتيجية).
- من ثم، حسب إجراء التشاور "النازل" و"الصاعد" ترتبط المستويات التربوية المختلطة بالمناقشة، وتعلن بدقة الأهداف والوسائل المقابلة لكل مستوى.

يمكن أن ينجم من هذا الشكل النتائج التالية:

- أولاً: تماسك قوي في سير المجموع.
- ثانياً: معرفة بالأهداف والتحام أفضل.
- أخيراً: تحفيز عال وقبول أفضل لوضع الموازنات.

مسؤوليات التحليل والتشخيص:

تتكامل أعمال التحليل والتشخيص لكن لا تتحد مع بعضها بعضا،ويستطيع اختصاصيون مختلفون مسك إحدى تلك المهام بمفردها، وكي نوح ذلك، سنقوم بتميز المرحلتين ليتم تمييز مسؤوليات المدراء عن العاملين الآخرين قد الإمكان.

التحليلات:

يتولى المدير بطريقة متنوعة جدا أعمال التحليل بصلاحيات كبيرة ممنوحة له، مع ذلك،على صعيد الأهداف، يتم تفويض أعمال التحليل، والتفويض الجزئي عبر شكلين هما:

- تحليلات خارجية عن المؤسسة.
- تحليلات يعهد بها إلى أعضاء من ملاك المؤسسة حسب الموضوع.

عندما يكون التحليل خارجيا (التعهد الخارجي أو باستدعاء مستشارين خارجيين) يتم البحث عن الخبرة في خارج المؤسسة التي لا تمس المركزية الداخلية لسلطات المدير، ويكون ذلك في الميادين المختلفة مثل (التحليل المالي، وتحليل السوق، وتحليل الجدوى الفنية، وتحليل العلاقات بين الأفراد وتحريكهم، وتحليل الأداء).

وعندما يوجد تفويض داخلي لتحليل العمل، تكون الخبرة المملوكة من قبل العديد من أعضاء المؤسسة مطلوبة، ويتم ذلك في الميادين المذكورة سابقا نفسها إذ يتم إجراء التحليل المالي والموازنات من قبل المحاسب، والتحليل السوق من قبل المسئول التجاري المدعوم من الأفراد التجاريين، والتحليل الفني من قبل المهندسين الفنيين، وتحليل الأداء والعلاقات بين الأفراد من قبل المسئولين عن الموارد البشرية.

التشخيصات:

يستند إعداد التشخيصات إلى مجموع تحليلي معمق قائم على : حالة أو واقع المؤسسة، والواقع الحالي أو الكامن للبيئة.

تظهر حالة المؤسسة في بيان نقاط القوة أو الضعف، ويظهر الواقع الحالي للبيئة في التهديدات أو الفرص.

- **تقدم البيئة سمات عديدة أهمها:**

- سمات متعددة الأشكال: اقتصادية، وتقانية، وسياسية، واجتماعية، وثقافية.
- سمات متطورة كثيراً أو قليلاً: تقنيات جديدة وأسواق جديدة، ومنافسون جدد.
- سمات منتشرة المدى كثيراً أو قليلاً: إقليمية، ووطنية، ودولية.
- سمات معقدة كثيراً أو قليلاً: نشاطها تقليدي أو دقيق ومتطور (مهن معروفة أو يجب اكتشافها).
- سمات مستقرة كثيراً أو قليلاً: أي مطبوعة بالارتياب أو بالاضطراب (التقني، الاقتصادي).
- سمات عدائية كثيرا أو قليلا : مع السلطات السياسية، والتنافسية، والزبائن والموردين.

- الوضع في المؤسسة يجب أخذه في الاعتبار في كل مواردها أو في الوسائل الحالية، وظل مؤهلاتها الكامنة أو هامش عملها.

إذا يمكن تقدير حالة المؤسسة الحاضرة من خلال وضعها النسبي بعبارات (التكنولوجيا، والمنتجات، والأسواق، أي بالوضع التنافسي).

ويمكن تقدير معرفة المزايا التنافسية بناء على ما يلي:

- أبعادها.
- تجربتها.
- مواردها المالية.
- صورتها الاجتماعية.
- اختراعاتها.
- تنظيمها.
- مواردها البشرية.
- جعبتها الحاوية على النشاطات الإستراتجية.
- حالة طاقتها.
- حالة تبعيتها.

ويمكن تقدير الحالة الكامنة للمؤسسة على صعد مختلفة بعبارات هامش العمل الممنوح من خلال ما يلي:

- مبلغ الأموال النقدية المتوفرة.
- القدر على الاستدانة.
- إمكانية تحريك الملاك البشري.
- السيطرة على التكنولوجيا الجديدة.
- المقدرة على تقليص التبعية من البداية أو من النهاية واستخلاص مزايا نقدية منها.

- المرونة الفنية والتجارية والتنظيمية العملية.

إن فحص البيئة والمؤسسة يسمح بتشخيصات حول حاضر ومستقبل المؤسسة.

أخيراً، يمكن أن يرتبط الملاك البشري للمؤسسة بدرجات قوية إلى حد ما، في أعمال التحليل الداخلي أو الخارجي مما يؤثر على المنتجات، ويفيد أن نحدد أن ذلك لا يشمل كل الملاك بل جزءا منه ممن يمتلكون المعارف التقنية (التجارية، والمحاسبية، والفنية).

الخيارات الإستراتيجية للمؤسسة:

نحدد قبل التعبير بدقة عن تقاسم المسؤوليات في هذا المستوى ما يجب علينا فهمه من خلال إعداد الإستراتيجية:

يمثل إعداد الإستراتيجية تنفيذ الخيارات الهامة للمؤسسة فيما يتعلق بالبيئة المحيطة بها.

تخص الخيارات ميادين محددة من النشاط وتنتج عن سيرورة اتخاذ القرار.

طبيعة الخيارات الإستراتيجية:

نميز تقليديا ثلاثة أبعاد من تقدير الخيارات: التقنية، والمنتج، والسوق، وخيارات متعددة قياساً، إلى حالة الانطلاق أو قياساً إلى الآخرين (المنافسين).

وقد تكون الخيارات كالتالي:

- التخصص في منتج ما.
- الاختلاف (خيارات متعددة حول منتج الأساس).

التعددية:

الأفقية (تطوير المنتجات الملحقة)، العمودية (الاندماج في المقدمة أو في النهاية).

- النمو الداخلي (التمويل بالاعتماد على الذات).
- النمو الخارجي (دخول أسواق جديدة، ملكيات جديدة).
- عدم الالتزام أو تصفية المؤسسة بهدف إعادة توزيع المواد.
- تخريج النشاطات (تعهد بعض أعمال المؤسسة خارجياً).

يتطلب تحقيق الخيارات الكبرى دراسة الجدوى، أي مواجهة بين الوسائل المطلوبة والوسائل المتوفرة في المؤسسة.

على الصعيد البشري، يمكن أن تسبب الخيارات تغيرات في الموارد البشرية (إعادة تخصيص وتسمية الملاك البشري، واستخدام جديد،وتسريح، وإعداد التأهيل...) وتغيرات في التنظيم.

وتتخلص سيرورة الخيارات بالاستراتجيات في:

الأهداف، الخيارات المفضلة، الوسائل المتوفرة أو الممكن الحصول عليها، الخيارات الإستراتجية الفعلية.

تشكل الخيارات الإستراتيجية الفعلية بلوغ تلك المرحلة الكبرى أي تشكيل إستراتجية.

هنا، على مستوى الخيار، وكما هو سابقا على صعيد الأهداف والتشخيص كيف يكون تقاسم المسؤوليات بين المدراء والملاك البشري؟

إذا قبلنا بأن الخصائص الأساسية للمدير تمكن في القرار، وان نتيجة ذلك تتمثل في المسئولية يمكننا تصور أن أي تقاسم لا ينفذ في هذا المستوى، في الحقيقة لا يتحد القرار والمسئولية بشكل إجباري بل يمكن أن يتضمن القرار مسئولية عدة أشخاص مترابطين ومسئولين كل عن نفسه.

إستراتجية المؤسسة ونظام إدارة الموارد البشرية:

باعتبار إدارة الموارد البشرية سيرورة إستراتجية المؤسسة، يفيد إظهار مستويات تركيبها كمنا تطلب الموارد البشرية أيضا طريقة فهم خصوصية يؤمل أن تفسر بها النظام.

إستراتجية المؤسسة وإدارة الموارد البشرية:

بموجب الطريقة التي نلوم بها كل المقاربات الخصوصية لتفضيل سمة الإدارة على حساب الأخرى، فإن إدارة الموارد البشرية تعرف كيف تكون في منأى عن أي خطر قد يتكون من الرغبة بالعودة إلى الإنسان الفرد والاجتماعي.

إذا وعينا ذلك، سنذكر بالميادين الأساسية المتداخلة التي تنفذ في المؤسسات معا وبشكل متزامن أو متتابع.

أبعاد المؤسسات وبيئتها:

يجب أن تعزز صياغة التوجيهات أو الخيارات الإستراتجية كي تؤخذ بالحسبان كل أبعاد المؤسسة وبيئتها أي :

- البعد الاقتصادي.
- البعد الثقافي.
- البعد البشري والسياسي.
- البعد المالي.

نعرض فيما يلي ودون الدخول في تعليق تفسري، مخططين تفصيليين بشكل خاص للسمة متعددة الأبعاد لسيرورة صياغة الإستراتجية.

يذكر المخطط الأول بشكل خاص ضرورة تجميع الميادين الأربعة من الاهتمامات في صياغة الإستراتجية : الاقتصادي والتقاني، والمالي، والبشري والسياسي.

ويظهر المخطط الثاني الأكثر نظاما وحركية سيرورة إيقاعية للمسار الاستراتيجي الذي ينطلق من أهداف المؤسسة للوصول إلى الرقابة إي إلى تقييم الأعمال.

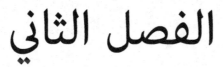

الفصل الثاني

دور الموارد البشرية في تنفيذ إستراتيجية المؤسسة

دور الموارد البشرية في تنفيذ إستراتيجية المؤسسة

يترجم العمل الاستراتجي الشروع نحو الأهداف انطلاقا من أعمال منفذة وفق متغيرات أساسية (كاستخدام وسائل العمل على سبيل المثال). انه قبل كل شيء سيرورة سياسية، لأنها تغير، من جهة، السلطات الخاصة بين الإدارة والمشاركين الداخلين في التنظيم (الملاك البشري) ومن جهة أخرى السلطات الخاصة بين المؤسسة والبيئة (الزبائن، والموردين) كما يستند العمل الاستراتيجي إلى حسابات اقتصادية وتنقية تسمح بتقييم الأهداف وتخصيص الموارد لفعاليات المؤسسة.

ويقوم تطبيق الإستراتجية على ثلاث متكاملة متداخلة فيما بينها بقوة هي:

- تأمين وتعبئة الموارد.
- التمريض.
- التنشيط والتحريك.

تأمين وتعبئة الموارد:

تكون الوسائل الضرورية لتنفيذ الخيارات الأساسية من طبيعية مختلفة إذ تنتج حركاتها من إعادة تحديد (المخصصات الجديدة للموارد) الداخلية أو المكتسبة، أو من التعاون مع مؤسسات أخرى.

في كل الحالات ، يحدث التنفيذ نتائج على مستويات مختلفة وفي ميادين عديدة وبشكل خاص (الوظائف) وتحمل تلك النتائج قرارات متصاعدة، يمكن (أو يجب) أن تستبق للحفاظ على الرقابة حين إجراء التغيير في المؤسسة.

- الخيارات الإستراتجية والسياسات الوظيفية:

يشمل الخيار الاستراتجي كل المؤسسة غالبا، وضمن هذا الواقع ينتج سياسات متابعة تترجم نفسها بالإجراءات ويكون كل ذالك كما يلي:

الخيارات الإستراتجية:

- المنتج / الخدمة.
- الأسواق.
- التقنيات.

السياسات:

- التجارية / التسويقية.
- الإنتاجية.
- المالية.
- البشرية.

الإجراءات:

- طرق البيع.
- تحديد المهام.
- تحديد الأنظمة وقواعد العمل.

مهما كانت السياسات المقررة لانجاز الخيارات الإستراتجية، يكون المدراء/والأفراد معنيين بتصميم وتنفيذ العمل حتى لو كان هناك تقسيم للأدوار، ومعنيين بتحريك وتخصيص الموارد أيضا كما يلي:

- التقنية (امتلاك أو التخلي عن التجهيزات).
- المالية (التمويل الذاتي، والقروض، والتصفية).
- البشرية (الاستخدام، وتخفيض الملاك، وإعادة توزيع الملاك بالمؤسسة، والترقيات).

كل ذلك يسبب تغييرا كليا أو جزئيا في الوظائف داخل المؤسسة عبر الزمن.

التنظيم في المؤسسة إطار الموارد البشرية:

يتخذ التنظيم المقرر في المؤسسات أشكالا مختلفة ، ويتأثر ذلك بمتغيرات جديدة تحدده.

ما هو التنظيم في المؤسسة:

تتجاوز المهام الموجودة في المؤسسة قدرات الفرد الواحد، وتتضمن أعمال جماعية منظمة، ويعني إعداد التنظيم: التوفيق بين المهام المتقاسمة مع متابعة الأهداف العامة وتطبيق آليات التنسيق فيما بينها.

تواجه المؤسسة متطلبات تصميم نماذج التنظيم الإجمالية (العمومية) والجزئية (الفردية أو الجماعية) ونميز هنا بين البنية الإجمالية (التصميم الكلي) والتصميم الجزئي (أي تحديد الأدوار الفردية أو الجزئية)، ويخص التصميمان إدارة الموارد البشرية.

البنية الإجمالية:

تحوي التنظيمات عموماً خمسة أجزاء أساسية، متطورة بدرجات متفاوتة أو موجودة حسب وسياسة المؤسسة:

1. رأس المؤسسة من الإدارة (رب العمل /المدير) أو نائبه ومعاونيه.
2. التسلسل التربوي المكون من الأطر (الأطر القيادية، والوسطى، ورجال الرقابة).
3. جهاز التنظيم التقني المكون من المحللين المكلفين بالتحضير والتحكم مثل (مكتب الدراسات، التحكم).
4. الدعم العمليات المكلف بتقديم المساعدة غير المباشرة إلى سير العمل المنتجات / الخدمات مثل (عمال الإنتاج، والموظفين، والبائعين،...).

كما يتوجب أن نضيف بأن تنظيما ما هو مجموع يشمل ما يلي:

- تسلسل السلطة الرسمية (المجسدة في الهيكل التنظيمي).
- تسلسل النشاطات المنظمة (المادية، والمالية، والمعلوماتية).
- أنظمة الاتصالات غير الرسمية أو المجموعات.
- سيرورة القرارات (على المستويات المختلفة).

ينبغي أن يلبي الإجمالية متطلبات (التوزيع إلى وحدات، والتنسيق، وطرق اتخاذ القرار).

التوزيع إلى وحدات أو (التجميع) الذي يسهل التنسيق ويسمح بما يلي:

- الإشراف على مراكز كل وحدة.
- توزيع الموارد (الأمكنة، والتجهيزات، والموازنات،....).
- تقييم الأداء (والرقابة).
- الاتصال بين الأعضاء.

يمكن أن يمارس عمل التنظيم وفق طرق مختلفة: عبر الاختصاص، عبر الوظيفة، وحسب الوقت (المهمة).

ويتم ضمان التنسيق من خلال احد ثلاث آليات مخصصة للتوفيق ين الفرق في المهام ومتابعة الأهداف العامة لدى وبين الأفراد أو الوحدات كما يلي:

- التسوية المتبادلة المكونة من تنسيق العمل من خلال الاتصال غير الرسمي.
- الإشراف المباشر الذي يمل آلية يستثمر من خلالها شخص ما مسئولية العمل على الآخرين.
- التقييم الذي يتم من خلال:

- الإجراءات عندما يكون محتوى العمل محددا بطريقة معينة كعمليات يجب تنفيذها تبعا لسيناريو محدد.
- النتائج عندما يتم تحديد الأهداف ومعايير التصنيع وتقديم الخدمات.
- التأهيل عندما يولد مستوى الإعداد والتقنية لدى المنفذ سلوكيات نمطية (يمكن التنبؤ بها).
- **إدارة الموارد البشرية أساس نظام التنشيط في المؤسسة:**

يجيب خيار البنية التنظيمية الذي الوظائف والمهام والعلاقات عن الحاجة لتنفيذ الإستراتيجية، وعما بعد الخيارات البنيوية المناسبة التي تكون نوعية البشر المكلفين بالعمل على استمرار النظام عاملا أساسيا فيها ، تلك النوعية لا يمكن أصادرها بقرار، بل يجب اكتشفها وتطويرها واستخدامها عبر العمليات المختلفة مثل (الانتقاء، والتقييم، والتثمين، والمشاركة) كي تشكل نظام التنشيط والتحفيز، ويقوم ذلك النظام على تقنيات اندماج مختلفة تؤمن التطوير لتلبية مطلبين أثنين هما:

- فاعلية المؤسسة في إطار البنية المقررة.
- التكيف وتطور البنية إذا كان ذلك ضروريا (بعد حالة سوء سير العمل) وباستخدام التنشيط كمحرك تغيير.

متطلبات الفاعلية في المؤسسة:

أن الفاعلية شي أساسي لكل مؤسسة ،وكي تكون المؤسسة فعالة ، يجب تطوير طرق عمل عديدة في مستويات مختلفة (فردية وجماعية) وكذلك تحقيق الأهداف المرسومة.

وبالمقارنة مع الأهداف يحكم على النتائج المحققة بأنها مرضية أو يجوز تقديرها بدرجات الفاعلية.

في الواقع، توجد عدة معايير من الفاعلية وعدة مستويات للعمل تسمح بالوصول إليها.

معايير الفاعلية:

الفاعلية هي مفهوم هام لكنه يناقش كثيرا عندما يرتبط مباشرة بالأهداف ذات الطبيعة الاقتصادية والاجتماعية، المخصصة لتنظيم ما من قبل المدراء.

إذا ما فضلت المؤسسة الملامح الاقتصادية، فإنها تتمسك بمعايير الأداء من نمط الربح والمردودية والإنتاجية والجودة.

إذ ما تمت الإشارة إلى البعد الاجتماعي، فهي تتمسك بشكل أولوية بالرضى لدى الأعضاء، وبدرجة التحفيز ، وبالتحام الملاك.

وفي الوقت الحاضر بما أن العلاقة بين الأداء الاقتصادي والاجتماعي واضحة قليلا، عندئذ من المفضل التمسك في معايير تنتمي إلى فئتين من الأهداف على السواء، وتكون المعايير السائدة بشكل أكثر ما يلي:

- الربحية.
- جودة الإنتاج.
- النمو.
- أجور وتعويضات الملاك البشري.
- المرونة.
- المكاسب الاجتماعية.
- الإنتاجية.
- رظي الملاك.

توافق تلك المعايير الأهداف المعلنة أو المتضررة المعتمدة من قبل التنظيم، وينبغي بيان تلك المعايير يصعب فهمها وتفسيرها على الدوام مثل: (أي مؤشر يؤخذ، وكيف تم تقييمها، وكيف يتم ترتيبها؟؟؟).

إذا أيا كانت سيرورة العمل التي تبحث عن الفاعلية ، يبقى عمل التنشيط أساسيا في المؤسسات.

أعمال التنشيط على مستوى الافراد والجماعات:

يتألف التنشيط بشكل أساسي من إدارة سيرورة اندماج الفعاليات الفردية عبر الأعمال الموجهة نحو تطوير الكفاءات والتحفيز وسنوضح ذلك بما يلي:

• الأعمال في = الكفاءات + التحفيز = اندماج الأفراد / فاعلية.

تعد الكفاءة والتحفيز مفهومين أساسيين لكنهما مع ذلك معقدين ، وبغية تبسيطهما نعرفها كما يلي:

• الكفاءة: هي مجموع الاستعدادات والمعارف لدى فرد ما في الميادين المختلفة.
• التحفيز: هو إجراءات لدى فرد ما لتحريك طاقته وكفاءته لانجاز مهمة ما.

درس كثير من الاختصاصيين طرق اندماج الافراد في المؤسسة ، وأعد بعضهم تلك الطرق من وجهة نظر عامة أو نظرية، وأعدها غيرهم انطلاقا من تحليل ممارسات وسياسات التنشيط التي تهم تطوير الكفاءات أو تطوير التحفيز.

تظل تلك الإسهامات هامة جدا لأنها تؤثر على ممارسات المدراء.

ممارسات التنشيط الفردي والجماعي:

تقع أعمال التنشيط في مستويات عديدة وخاصة على مستوى الأفراد والجماعات وكذلك على مستوى التنظيم بدرجة أقل. من الممكن تمييز طرق التنشيط الفردية والجماعية، كما أن تفاعلهما يوفر لهما تفاعلا قابلا للمناقشة طالما تكمل أحدهما الأخرى.

وحسب طبيعة المؤسسة، توجه أفكار المدير وطبيعة المناخ السائد الواحد أو الأخرى تبعا للأولويات.

العمل على مستوى الفرد:

نتيجة القلق من إشباع متطلبات الفاعلية، تتجه الأشكال المتخذة نحو اندماج أفضل للأفراد عبر العمل على تحفيزهم ورفع كفاءاتهم التي هي بمثابة محددات، وتخص الوسائل المستخدمة الأجور، والتثمين، والمشاركة.

الأجور: توجد عدة أشكال للأجور (الحوافز) وهي تنجم عن تقييم المردود الفردي (الإنتاجية) وتأخذ شكل المكافآت والانتفاع، ويتم قبولها تعبا للحالة الذهنية السائدة في المؤسسة.

في الوقت الحاضر نلاحظ اتجاها نحو فردية الأجور ، ويتبع ذلك تقديرات المدراء والقوانين النافذة.

كما تتوافق ممارسات تقييم الإنتاجية من قبل الفريق - المرتبط بمشاركة جماعية في النتائج - مع الملاك البشري في العديد من المؤسسات بشكل جيد.

التثمين: يعد التثمين مفهوما واسعا لأنه يغطي محتوى وظروف العمل، وكذلك الإعداد والتدريب والثمين يتحقق عبر تحسين ظروف العمل وكذلك تحسين معارف الأفراد وغير ذلك.

يمكن أن نأخذ من بين الأعمال الممكنة لتحسين ظروف العمل أربع طرق رئيسية في تنظيم العمل هي:

- توسيع الأعمال والمهام.
- إغناء الأعمال والمهام.
- دوران الأعمال والمهام.
- تشكيل مجموعات عمل شبه مستقلة.

تقابل الطريقتان الأوليتان بناء تنظيما للمهام تبعا للفرد، وتقابل الطريقتان الأخيرتان بناء المهام تبعا لوظائف جماعة العمل في إطار المقاربة الاجتماعية / التقنية، وتتضمن الطرق تنظيم الوقت وساعات العمل (المرونة في التوقيت) من بين الأعمال المتعلقة بالكفاءة، ونأخذ بالاعتبار طرقاً مختلفة لاكتساب المعارف والمهارات وبشكل خاص ما يلي:

- دورات الإعداد المخصصة لاكتساب المعارف المفيدة للمؤسسة.
- التدريب في العمل داخل المؤسسة.

في المؤسسات لا يترجم اكتساب المعارف دائما بترقية ، وقد يوقظ ذلك شعورا بالحرمان لدى عامل ما أو (اللا اعتراف) وبالطريقة نفسها، أن اكتساب المعارف والإعداد الموجه يمكن أن يترافق معه تغيراً قد يحدق في مؤسسة ما وقد يقود أيضاً إلى خيبات أمل وإلى الفشل.

المشاركة: تنجم الأشكال التشاركية في المؤسسات المتوسطة والصغيرة عن التصرفات وعن أسلوب الإدارة ونظام المعلومات، وكذلك عن المطالبات الدائمة لإدخال النظم التشاركية.

نذكر حاليا بعض الجهود الموجهة نحو أشكال التشاركية حذرة في بعض المؤسسات المتوسطة والصغيرة مثل (حلقات الجودة، وجماعات التقدم،....) التي تلاقي نجاحا مختلفا لا يعيد طرح البنية الأساسية للسلطة في المؤسسة.

وتنجم تلك الأشكال التي تؤثر على فرد عن مقاربة جماعية للتنشيط على مستوى الجامعة.

العمل على مستوى الجماعات:

أن استذكار طرق فردية مختلفة للاندماج في الوقت الذي نلاحظ فيه ممارسات حالية أكثر حداثة تظهر أن هناك أعمال عديدة لا تحمل معنى إلا من خلال ارتباطها بفكرة الجماعة.

فكرة الجماعة: تتكون الجماعة من مجموعة إفراد يملكون فيما بينهم علاقة مستمرة بدرجات مختلفة وموضحة بشكل جيد إلى حد ما.

في داخل المؤسسة، تتعايش أنماط مختلفة من الجماعات بعضها رسمية وأخرى غير رسمية، الجماعات الرسمية هي المشكلة من قبل الإدارة وتتبع عموما احد المسئولين من (رئيس ورشة، رئيس قسم...) ويمكن أن تحصل على وجود لها حسب نشاطات المؤسسة إذ قد تكون (فريقا في الورشة، فريقا مشروع عمل ما) أما الجماعات الغير الرسمية فهي المشكلة بشكل طبيعي من علاقات المودة المتعددة بين الأعضاء (المصلحة الجماعية، والتعاطف، والانتماء) ويعد وجود الجماعات غير الرسمية حقيقة نفسية اجتماعية مستمرة في كل مؤسسة إذا كان عدد أعضائها فوق حد أدنى يتطلب تشكيلها.

وبعبارات التنشيط، يملك مسئولو المؤسسات إمكانيات الفعل بشكل أساسي لدى الجماعات الرسمية لكن يجب أيضا اعتبار مصلحتهم مع الجماعات غير الرسمية (العارضة أو المستمرة) التي تكون آثارها هامه على حياة ومناخ المؤسسة.

التنشيط على مستوى الجماعات: يعادل القلق من الفعلية المطروح كهدف على مستوى الافراد القلق نفسه على مستوى الجماعات، بشكل واضح ولأجل ذلك انطلاقا من أعمال مصلحة التلاحم والكفاءة، فإن سيرورة العمل تكون كما يلي:

- أعمال حول الاختلافات: داخل جماعة ما "الالتحام".
- أعمال حول الكفاءات: بين المجوعات "القبول".

عندئذ، ستتألف الجهود من تشجيع الالتحام ف يكل مجموعة عمل حول مهمة معية تتنبأ بالصعوبات الداخلية من طرف ، ومن السيطرة على النزاعات المحتملة بين المجموعات من طرف آخر.

يمكن البحث عن الالتحام داخل كل مجموعة عمل حين الحصول على ما يلي:

- خيار الأشخاص الأكفاء.
- تحديد دقيق للأدوار والأهداف ولنظام التقدير والأجور.
- القلق من التوافق بين الزعامة الحقيقة والرسمية (اعتراف الرئيس).
- تجنب الخصومات بين الشخصيات.

ليست المبادرة (المنافسة) بين الأعضاء سلبية دوماً، بل قد تكون تحفيزية أحيانا، وتجعل المشكلة ضمن حدود مقبولة.

وإجمالا نأخذ ملامح الأشخاص في الملاك البشري بعين الاعتبار مع منح عناية خاصة لأهمية الكفاءات لدى الأفراد لتلبية متطلبات الفاعلية في انجاز مهام المجموعة.

إدارة النزاعات بين المجموعات:

تكون النزاعات والتوترات كثيرة بين الجماعات في المؤسسات المتوسطة الصغيرة، وتحصل بين الجماعات الرسمية من جهة وبينها وبين الجماعات غير الرسمية من جهة ثانية، وقد تكون هامة وتستمر لفترة طويلة أيضا، لذلك يجب حل تلك النزاعات أو التوترات من خلال التنبؤ بها واطافئها وتوجيهها باتجاه مناسب يخدم المؤسسة.

تحمل النزاعات نتائج متناقضة عادة كما يلي:

- هي عامل التحام داخل المجموعات (روح الفريق، والتضامن، والوحدة في مواجهة الخصم الخارجي).
- هي عامل انفصال على مستوى عموم المؤسسة (انتقال سيئ للمعلومات، وتشت إلى وحدات متنازعة ومتعادية).

إذا يجب أن يكون المسئولون واعين وفاعلين إذا أرادوا تقليص النزاعات من خلال القيام بالإجراءات التالية:

- تشجيع التشاور بين المجموعات المعنية المختلفة.
- اللجوء إلى التحكيم في النزاعات الشديدة عن طريق السلطة.
- التذكير بالأهداف الأساسية في المؤسسة.

في كثير من الحالات، ومن أجل إعادة تنشيط الفرق القديمة قليلة الإنتاجية والمطبوعة بالروتين، يبدو فعالا وضعها مع الفرق الجديدة حتى لو ترافق ذلك مع اختلاف في الأجور حسب النتائج.

في جميع الحالات ، يمكن أن يتون التحليل الدقيق الحالة إلى اتخاذ إجراءات مناسبة.

لهذا، يشكل بناء تنظيمي معين إطارا محددا للأعمال في المؤسسة، مع ذلك، وكما أظهرنا منذ قليل، تفرض متطلبات الفاعلية تنشيطا على مستوى الأفراد والجماعات.

وتعد المؤسسة في الواقع جسما حيا يتطلب سيرورة مستمرة من الضبط والنشيط يمكن أن يتخذ التنشيط أشكالا مختلفة بالعودة إلى التيارات النظرية أو المستوحاة من التطبيقات المجرية لذلك إذا واجهت المؤسسة طموحات جديدة من قبل الإدارة أو ضغوطا من البيئة فإن تنشيطا خاصة لإنجاز التغيرات التنظيمية يمكن أن يفرض أحيانا، هذا ما سنأخذه بالاعتبار حاليا في دراسة النشيط السابق للتغيرات التنظيمية.

التنشيط محرك التغيير:

عندما تتعرض المؤسسة إلى سوء سير العمل أو إلى خيارات إستراتيجية تتضمن تغيرات بنيوية، فإنه يتوجب عليها تجريب قدراتها على التكيف وعلى المرونة، يجب أن تتحضر تلك التغيرات وترافق حتى الوصول إلى بنية جديد فعالة ومستقرة لبعض الوقت، هنا، سيغطي التنشيط دلالات مختلفة عن تلك المتخذة سابقاً، أي سيغطي نظرة حركية في إطار بنية محددة ليتم الانتقال بعدئذ إلى نظرة تحريك البنية.

تعتبر كل المؤسسات معنية بحاجات التكيف ولتوضح ذلك سنحدد الأسباب التي تقود مؤسسة ما إلى الاهتمام والانشغال بالتكيفية عديدة ، وتتخذ ضرورات متعددة مثل:

- تغير إستراتجية (تعد المنتجات، والانتشار، والتحول، والأتمتة، والتحرر، والتعهد الخارجي).
- التكيف مع بيئة متطورة أي: (النظام الجديد للتوزيع، والتقانات والمواد الجديدة والمنتجات أو الخدمات البديلة التي تعيد طرح النشاط الرئيسي).

- إصلاح نمط تنظيمي حكم عليه غير متكيف (الروتين، والنزاعات، والثقل والإعاقات).

- تحسين مناخ العلاقات سواء على مستوى ما بين الافراد (ما بعد الجماعات) أو بين (الجماعات) عبر التصرف في مجال تحفيز الأشخاص أو افرق.

- استباق التغيرات المحتملة بإجراء تقدم كاف كي لا يتم تحمل نتائجها بشكل فظ.

إذا يهدف التطوير التنظيمي إلى تشجيع قدرات التغيير، أي انجاز تنظيم قادر على التغيير.

ويبقى الدور الرئيسي في المؤسسات الصغيرة والمتوسطة سواء في النية أو في الفعل بيد المدير حتى لو كان الملاك البشري معنيا في مستويات مختلفة.

هنا يفيد التفكير بنقاط قوة أخرى داخلية وخارجية عن المؤسسة (الأطر القيادية، والمستشارين الخارجيين).

المناهج المسهلة للتكيفية:

تخصص الوسائل المطلوب استخدامها لتحفيز التغيير، لي لدفع المقاومة الطبيعية (الجمود، القلق) نحو مواجهة إعادة طرح الأمور.

كما يمكن أن نميز من بين طرق العمل المختلفة وبشكل دلالي كبير: تلك الموجهة نحو تغيير البنى، وتلك الموجهة نحو تغيير طرق التفكير والمعرفة في الحالتين، يتم البحث عن التغيرات في الاتجاهات والسلوكيات.

الأعمال في البنى: يمكن أن تنظم البنية الأساسية الإجمالية في المؤسسات الصغيرة والمتوسطة بالمرور إلى طريقة أخرى في التنظيم، كما يمكننا أن نتصور،

مثلاً، بنية أكثر تشاركية في المستويات المختلفة أو حول المدير (كالمشاركة في التشخيص، وفي الأهداف والقرارات، والتقييم).

وهذا يولد عديد من النتائج على صعيد الأفراد أو الجماعات بعبارات الاتجاهات والسلوكيات.

الأعمال في الإعداد والتأهيل: يختار المسئول عن التغيير في مرحلة التحضير للتغيير وقيادته اتجاهين: الضغط (الإرغام)، والإقناع، ويختار عادة جرعة من الطريقتين، لكن مهما كانت السيرورة المفضلة، يمكن أن يلعب الإعداد دورا أساسيا أيضا سواء في مرحلة التحضير أو في مرحلة القيادة (أو الانجاز).

يثير الإعداد والتأهيل مشكلة تتمثل في معرفة ماذا، ومن هم المعنيون بذلك؟ يفترض ذلك أنت يقتنع المدير بضرورة التغيير، وان يكون أهلا لتقدير المتطلبات.

وفي كثير من المؤسسات يستوضح انفتاح المدير نحو التغيير والحركية في البنية، وبالنتيجة يمكن أن تقع أعمال الإعداد والتأهيل في مستويات مختلفة وتغطي وجهات نظر منفصلة، إذا اخذ المدراء الفكرة ووعوا الحاجات، لا تخص اعمال الإعداد والتأهيل سوى الملاك البشري بالمعنى المقترح أوليا، وإذا لم يقتنع المدراء ولم يعوا الحاجات يجب أن تتجه أعمال الإعداد إلى أولئك الأشخاص قبل أن نتصور منها آثارا على المؤسسة في وقت لاحق، أي لدى الملاك البشري.

في الفرضية الأولى: توضع مقاومة في الإقناع في العلاقة بين رب العمل / العامل.

وفي الفرضية الثانية: تتمثل الصعوبة الأولى في الإقناع من الخارج (عن طريق المنظمات المهنية، ومركز أعداد المدراء، والمستشارين).

دون الوقوع في نتائج خطيرة أو تقليص الصعوبات تكون المشاكل المطلوب حلها في هذا المستوى من نمطين هما:

- التردد، والجمود، بل العرقلة، في مواجهة حاجات التغيير وتحريك البنى.
- التردد ،والجمود، بل العرقلة في مواجهة الإعداد والتأهيل الموجهة لتحضير ولمرافقة حركية التغيير.

إضافة إلى ذلك تلك المعارضات تساوي العلاقات بين رب العمل / العامل، وكذلك العلاقات بين المدير / البيئة، والمدير / المستشارين.

يعد المدير المحرك الأساسي في تحريك الموارد البشرية بسبب وجهة التأثير التي يمكن أن يمارسها مباشرة على المتعاونين معه في أغلب الأوقات.

شاهدنا أن نظام التنشيط يحمل سلسلة من الأجوبة الرئيسية، في المقام الأول يعرض حوافز ووسائل ضبط على مستوى الأفراد والجماعات، وفي المقام الثاني يقد مناهج تكيف مختلفة عن الاتجاهات والسلوكيات لدى الأفراد والجماعات وخاصة بفضل الإعداد من خلال رؤية حركية التنظيم.

موقع المدير والملاك البشري في نظم الإدارة الفرعية:

إذا قبلنا بأن إدارة البشرية تخصص بشكل أساسي وحصري أيضا الملاك البشري، فإنه من الصعب الانحصار في حقل التنشيط في الواقع يظهر فحص الأنظمة الفرعية الأخرى المشكلة لنظام الإدارة (الغايات والتنظيم) أهمية إدارة الموارد البشرية حتى لو كان ذلك بدرجات مختلفة.

في نظام الغايات الذي يمثل التعبير على الأهداف الرئيسة، يظهر كثير من المسارات التشاركية أو البنى العديدة التي تربط رأس المال مع العمل أن الفصل بين المدير / الملاك البشري يعرف بعض الحدود، يكون التنظيم الذي هو تحديد إطار

العمل، وتوزيع المسئوليات بين المدير / الملاك البشري، متغيرا جدا حسب نمط البناء المختار في المؤسسات المتوسطة والصغيرة (وهذا ما سنراه في الفصول اللاحقة) بعبارات أخرى يكون مها أيضا اعتبار إدارة الموارد البشرية كسلسلة أعمال في البنى أو كسلسلة أعمال في سير العمليات مثل (الأجور، والاستخدام، والتسريح).

إذا قبلنا بأن إدارة الموارد البشرية تضم المدير أيضاً، عندئذ يجب الشروع في مسارات أخرى من قبله، هكذا، نأمل أن يبحث المدير عن تطوير قدراته التحليلية فيما يخص الغايات والتنظيم والتنشيط عبر ما يلي:

- تراكم واستخدام الخبرات (أي بالتحليل الذاتي).
- اكتساب الإعداد والتأهيل والمساعدات الخارجية (اللجوء إلى المستشارين، والمدربين) كي يحصل المدير على وسائل ضرورة لإدارة متماسكة ومندمجة في المؤسسة.

ومهما كانت الرؤية المتخذة، يفضل القبول بأنه على مستوى المؤسسات الصغيرة والمتوسطة، يجب أن تمر إستراتجية وضع سياسة إدارة الموارد البشرية من قبل المدير أولاً.

الفصل الثالث

تعريف الإدارة

تعريف الإدارة

ترتبط الإدارة في أذهاننا جميعا بتلك الجهود الفكرية الخاصة بتحريك الموارد وخلطها للاستفادة منها مستقبلا لتحقيق أهداف معينة، ولهذا يمكن القول أنها تشمل جميع أوجه النشاط الإنساني، ويحتاجها الأفراد كما تحتاجها المنظمات.

إن أهمية الإدارة البالغة لكل فرد ولكل مجموعة من الافراد تأتي من كونها تسهم في تحقيق الأهداف التي يسعى إليها الفرد أو ترسمها مجموعة الافراد، وتشير الإدارة بذلك إلى حسن استخدام قدرات الافراد ومعلوماتهم والإمكانات والموارد المتاحة بما يحقق الأهداف المرغوب الوصول إليها بأفضل الأساليب واقل الأعباء والتكاليف وبأكبر عائد ممكن.

ولقد تعرض العديد من الكتاب والباحثين لتعريف الإدارة كل من وجهة نظره، ويمكننا استعراض بعض هذه التعريفات على النحو التالي:

يعرف تايلور الإدارة بأنها: معرفة ما يجب إن يمارسه الافراد بدقة، والتأكد من تطبيقهم لذلك بأفضل الطرق، واقل التكاليف.

كما يعرفها فايول اعتمادا على ممارسة المدير لعمله بأنها "الجهود المتعلقة بالتنبؤ والتخطيط والتنظيم وإصدار الأوامر التنسيق والرقابة".

وعرفها لفنجستون بأنها: "الوصول إلى الهدف بأفضل الوسائل والطرق، واقل التكاليف والجهود، وذلك بمراعاة الموارد والتسهيلات المتاحة حسن استخدامها وتشغيلها".

ويركز دافيس على وظائف الإدارة عند تعريفه لها فيقول: " إن الإدارة تتعلق بتنسيق أعمال المنظمة وتنظيمها وتحديد سياسات الأعمال والرقابة النهائية على المديرين والقائمين بالتنفيذ.

ويتعرض ديموك للإدارة معرفا إياها من خلال التساؤلات والإجابات الضمنية كالتالي: "الإدارة هي إن تعرف إلى أين تريد إن تصل، وتستعد للمشاكل التي قد تحدث، وان تتعرف على القوى والعوامل الواجب التعامل معها، ومعرفة كيفية التصرف في باخرتك وطاقمها بكفاءة وبدون ضياع في مرحلة الوصول إلى الهدف".

ويحدد كونتز تعريفه في كلمات مختصرة نادى بهما كتاب آخرون أيضا، يقول: "الإدارة هي وظيفة تنفيذ الأشياء من خلال الآخرين".

ومن أبسط التعريفات وأدلها أيضا ما قدمته ماري باركز فوليت حيث تقول: "إن الإدارة هي فن الحصول على الأشياء من خلال الآخرين".

ويعرف بيتر دراكر الإدارة من خلال ما يقدمه المديرون وما يبذلون من جهد لتوجيه لمنظماتهم، وقيادتهم من خلال اتخاذ القرارات المتعلقة باستخدام موارد وإمكانات التنظيم لتحقيق الأهداف.

وفي ضوء استعراضنا للتعريفات السابقة وغيرها يمكننا القول إن الإدارة هي "مجموعة من الأنشطة الإنسانية والاجتماعية المتسمرة التي تعمل على الاستفادة من الموارد المتاحة الاستفادة القصوى لتحقيق الأهداف التنظيمية بالكفاءة والفعالية".

وإن التعريف السابق تتضح العناصر التالية:

1. الإدارة نشاط إنساني:

أي أنها عملية حركية تتكون من مجموعة من الممارسات المرتبطة ببعضها وتقوم بينها علاقة متداخلة تتميز بالتأثير وبالتأثر نتيجة قيام الإنسان بأدائها.

2. الإدارة نشاط اجتماعي:

مما عيني وجود مجموعة من الافراد يشتركون في تحقيق الهدف المطلوب فالإدارة تنظم علاقة هؤلاء الافراد وتوجههم وترشدهم، كما إن المفهوم الاجتماعي يعني إن جميع أنشطة الإدارة موجهة أيضا لخدمة الناس.

3. الإدارة عملية مستمرة:

تعد الإدارة عملية مستمرة باستمرار المجتمع الذي تعيش فيه فطالما كان هناك مجتمع يعيش فيه أفراد يحتاجون لسلع وخدمات وأفكار وغيرها، فإنه لابد من وجود الأنشطة الإدارية التي تمارس فيه لإشباع حاجات أفراده.

4. الإدارة تهتم بمجموعة الموارد المتاحة:

لكي تمارس الإدارة أنشطتها فإنه يلزم توافر ثلاثة أنواع من الموارد هي:

- الموارد البشرية: ويمثلها مجموعة الافراد العاملين بالمنظمة.
- المواد المادية: ويمثلها (الأموال – المعدات – الخدمات....الخ).
- الموارد المعنوية: ويمثلها (الطرق – الأساليب – المعلومات – الأفكار – الصورة الذهنية – الشهرة...الخ).

5. الإدارة عملية هادفة:

تقوم الإدارة بتشغيل الموارد المتاحة لتحقيق أهدافها، ومن الأهمية بمكان إن تضع الإدارة أهدافها بصورة موضوعية وعادلة بحيث تراعي متطلبات مختلف الافراد سواء بداخل المنظمة أو خارجها.

الإدارة بين العلم والفن:

يتساءل الكثيرون عن ماهية الإدارة أهي علم له الأسس والقواعد والمبادئ والنظريات الثابتة والمستمرة أم هو فن يتوقف على القرارات الشخصية والمهارات التطبيقية والممارسات العملية التي تتطلب الابتكار والإبداع...؟

وللإجابة عن هذا التساؤل دعنا نتناول كل من الجانب العلمي والجانب الفني في الإدارة:

الجانب العلمي للإدارة:

يمثل العلم مجموعة منظمة من المعرفة تم تجمعيها وتحليلها وقبولها بناء على فهم الحقائق الأساسية المتعلقة لظاهرة معينة أو موضوع معين، ويجب إن تتسم تلك المعرفة بالموضوعية والواقعية والبعد عن التحيز والميل الذاتي، كالطبيعة والكيمياء والهندسة والرياضيات، علوما درست بعض الظواهر وانتهت إلى نتائج صحيحة متفق عليها.

ومن الواقع ما سبق يمكن النظر إلى الإدارة كعلم اعتمادا على المعرفة ا لمتراكمة والاستخدام المستمر من خلال التجارب والبحوث والممارسات العملية، ونسوق فيما يلي بعض الدلال الذي تؤيد ذلك:

1. تعمل الإدارة من خلال علم الاجتماع الذي يقوم أساس على التعامل مع البشر، وله أهداف محددة تتمثل في خدمة المجتمع وإشباع رغباته وتحقيق رفاهية أفراده.

2. تعمل الإدارة وفق أسس اقتصادية ورشيدة تحكمها قوانين وقواعد في مختلف المجالات التجارية والصناعية والزراعية والخدمية.

3. تتعامل الإدارة كعلم من خلال البشر المتفاوتين في الصفات والخصائص نظرا للفروق الفردية بينهم، ولهذا يجب إن تكون الإدارة على علم ودراية بخصائص وصفات وقدرات من سيعملون في المنظمة أو ستتعامل المنظمة معهم، كذلك يجب إن تكون على دراية ووعي تام لدوافع وميول وقيم وسلوك الافراد والسبيل إلى تحقيق هذه المعرفة هو العلوم السلوكية وعلم النفس.

4. تكتسب الإدارة الطابع العلمي نظرا لاعتمادها على الأساليب والطرق العملية وخاصة النماذج الرياضية في بعض جوانبها، كما أنها تتبع الأسلوب العلمي الذي يتمثل في مجموعة من الخطوات المتعلقة بالبحث والتحليل المتتابع لدراسة ظاهرة معينة من اجل الوصول إلى نتائج محددة.

5. إن تراكم المعرفة الإدارية وتطورها مع تقدم العصور، وإضافة الجديد إليها نتيجة الممارسات العلمية والتجارب الواقعية بالإضافة إلى فكر العلماء وأبحاثهم أدى إلى تكوين قاعدة عريضة من المناهج الإدارية والنظريات التطبيقية في مجال الإدارة وان كانت لا تتصف بالدقة والشمول كما هو الحال بالنسبة للعلوم الأخرى كالطبيعة والكيمياء والرياضيات.

مما سبق يمكننا القول إن الإدارة علم نظرا لاعتمادها على الأسلوب العلمي في تطبيقها للوظائف الإدارية من تخطيط وتنظيم وتوجيه ورقابة بالإضافة إلى تعاملها مع البشر ودراسة دوافعهم وقيمهم وغيره ودراستها للمشكلات واتخاذ القرارات هذا إلى جانب اعتمادها على المنطق والتحليل عند إدارة أموالها وشئون إنتاجها وتسويق منتجاتها.

ومع قولنا هذا إلا إن الإدارة لا ترقى إلى اعتبارها في مصاف العلوم التطبيقية التي حددت مبادئها وسنت قوانينها، ويرجع ذلك للعديد من النقاط من بينها:

1. تعمل الإدارة أساسا مع العنصر البشري الذي يصعب التنبؤ بقيمة ودوافعه وسلوكه وبالتالي لا يمكن التحكم في تصرفاته بدقة كالعناصر والمواد الأخرى.
2. الصعوبات والمعوقات التي تحيط بالتجارب والمحاولات الإدارية للتوصل إلى نظريات وقواعد، وعدم القدرة على إخضاعها للمراقبة الشاملة.
3. الاعتماد على الظروف الموقفية وأعمال الحدث والبديهة لتحليل المشكلات واتخاذ القرارات.
4. إن البحوث والدراسات المتاحة في المجالات الإدارية ما زالت في مراحلها المبكرة إذا قيست على العلوم التطبيقية الأخرى.

الجانب الفني للإدارة:

يشير الفن إلى استخدام القدرات والمهارات والمواهب والتصرفات الإنسانية حسب الظروف الموقفية هذا بالإضافة إلى المرونة عند تطبيق القواعد والأسس المتعلقة بالمعرفة العلمية للإدارة بما يشمل في النهاية النتائج المطلوبة.

وإذا كان الإنسان لابد له إن يتعلم ليعرف ويكون المعلومات والمعارف فسبيله إلى ذلك هو العلم أما إذا أراد إن يطبق بتلك المعلومات والمعارف فإنه يصبح من الضروري إن يلجأ إلى الفن.

استناداً على ذلك يمكن النظر إلى الإدارة كفن يتطلب من المديرين العديد من القدرات والمهارات، ونسوق فيما يلي بعض النقاط التي تؤكد ذلك:

1. تعامل الإدارة مع العنصر الإنساني تتطلب مهارات متعددة في فنون التعامل مع الآخرين سواء كانوا رؤساء أو مرؤوسين أو زملاء أو عملاء ولكل فئة منها الأنماط المتعددة التي تحتاج إلى مداخل وطرق متنوعة لكسب ثقتها والنجاح في التعامل معها.
2. التغيرات والتطورات اللصيقة بالعمل الإداري وما تتطلبه من مرونة وقدرة على التصرف السريع ووضع الاحتمالات المتعددة للمواقف غير المتوقعة بغية التوصل لأفضل النتائج.
3. التباين في قدرات وصفات المديرين واختلاف الأساليب التي يمارسون أنشطتهم من خلالها بين أهمية الفن الإداري في التطبيق.
4. تقوم الإدارة على فن استخدام العلم بما يمكن من الوصول لأفضل النتائج للمواقف المختلفة كما يجب إن نأخذ في اعتبارنا إن تنمية علم الإدارة من خلال اكتشاف القواعد والأسس الجديدة لن يتحقق إلا من خلال التطبيق والممارسات أي من خلال الفن.
5. إن التطور والتحديث والإبداع والابتكار مرهون باستخدام الفن بصورة مستمرة، ولذا يظل المديرين في حاجة مستمرة إلى تنمية مهارتهم واتجاهاتهم في شتى المعاملات لتحفيز الافراد ودفعهم للإنتاج في مختلف الظروف والمواقف كذلك لتنمية الولاء والانتماء لدى الافراد وتحقيق التعاون بينهم ولحل المشكلات المتعلقة بالصراع وتباين الأدوار وتقليل اثر الضغوط التنظيمية والنفسية.

وفي ضوء ما سبق يمكن القول إن الإدارة فن يعمل على استخدام العلم بالكفاءة والفعالية المطلوبة، فالعلم يحدد ما يجب إتباعه والالتزام به، أما الفن فإنه الذي يؤكد على ظروف تطبيق تلك القواعد والأسس.

والخلاصة: إن العلم والفن جانبان متلازمان متكاملان في مجال الإدارة، حيث إن التعلم والخبرة والممارسة ما هي إلى نقاط متكاملة ومتفاعلة لتحقيق الإدارة الفعالة.

فالمدير لن ينجح ويحقق أهدافه بالقواعد والقوانين والأسس العلمية فقط، إلا إذا امتزج ما لديه في هذا الصدد بالمهارات والخبرات التي تعينه على سلامة التطبيق، كذلك يمكننا القول إن المدير لن ينجح ويحقق أهدافه لمجرد اتسامه بالموهبة والخبرة ما لم يكن مزودا بالمعلومات والمعارف والقواعد المتعلقة بعلم الإدارة.

وظائف الإدارة ووظائف المنظمة:

وظائف الإدارة:

تتلخص عناصر العملية الإدارية في التخطيط والتنظيم والتوجيه والرقابة، وتأخذ هذه العناصر أهمية محورية بصرف النظر عن نوع النشاط أو حجم المنظمة، عناصر العملية الإدارية وان كانت متتابعة طبقا للتسلسل المذكور أعلاه إلا أنها متداخلة ومتفاعلة ومتشابكة مع بعضها البعض .

وفيما يلي نقلى الضوء على كل وظيفة من وظائف الإدارة، وذلك على النحو التالي:

أ. التخطيط:

يشير التخطيط إلى بينان إلى أين ترد المنظمة إن تصل مستقبلا، وكيف يمكنها تحقيق ذلك؟ والتخطيط يعني تحديد الأهداف المستقبلية للتنظيم وبيان المهام والأنشطة الواجب القيام بها لاستخدام الموارد والإمكانات المتاحة.

ومن أهم عناصر وظيفة التخطيط:

1. تحديد أهداف المنظمة.
2. دراسة وتحليل العوامل الداخلية والخارجية.
3. التنبؤ والتوقع للأبعاد المستقبلية.
4. صياغة السياسات الإدارية.

5. تحديد الإجراءات والقواعد الواجب إتباعها.
6. إعادة الخطط الفرعية والبرامج والموازنات.

ب. التنظيم:

حتى يتمكن المديرين من تطبيق الخطط المقترحة فإنهم يسعون لتنظيم الجهود البشرية والإمكانات والموارد المادية والتنظيم لسعي بناء العلاقات الواضحة بين الافراد بعضهم بعضا، كذلك يبين مختلف الوحدات الإدارية رأسيا وأفقيا، كذلك تهتم وظيفة التنظيم بتحديد مراكز السلطة المسؤولة، وكافة النقاط المتعلقة بالمركزية واللامركزية ويحكم ذلك أدلة تنظيمية وهيكل تنظيمي واضح المعالم، وان التنظيم يسعى إلى وضع الرجل المناسب في المكان المناسب وبيان كافة أعماله وأنشطته وعلاقاته بالآخرين بما يسهم في تحقيق أهداف التنظيم.

ومن أهم عناصر وظيفة التنظيم:

1. تحديد الاحتياجات والكمية والنوعية من القوى اللازمة لتنفيذ الخطة.
2. تحديد الوحدات الإدارية وبيان البناء التنظيمي مع تشكيل العلاقات فيها بين الوحدات الإدارية بعضها البعض.
3. تحديد السلطات والمسئوليات.
4. تحديد مراكز اتخاذ القرارات ونطاق الإشراف.
5. بيان درجة المركزية واللامركزية.

ج. التوجيه:

تهتم وظيفة التوجيه بالجوانب الإنسانية لتحقيق الانجاز المنشود، ولهذا فهي تعتمد على التأثير في الآخرين من خلال القيادة والاتصالات والتحفيز وإثارة الهمم وغيرها من السبل التي تسهم في توجيه الأفراد نحو أداء الأعمال بالقدر الكافي من الاهتمام.

ومن أهم عناصر التي تشملها وظيفة التوجيه:

1. تحديد أساليب تحفيز العاملين.
2. بث روح الاهتمام ومهارات العاملين بالمنظمة.
3. تنمية القدرات ومهارات العاملين بالمنظمة.
4. بينان نمط القيادة الواجب الالتزام به.
5. تنمية شبكة الاتصال المناسبة.

د. الرقابة:

وظيفة الرقابة تشير إلى التأكد من عمليات التنفيذ ومدى مسايرتها لما تم التخطيط له، ولكي يمارس المديرين الرقابة فعليهم تحديد معايير ومقاييس واضحة للأداء، ثم يقومون بتقييم الأداء ويلاحظون المشكلات التي قد تحدث ويحددون الانحرافات ثم الإجراءات التصحيحية.

ومن أهم العناصر التي تحتويها وظيفة الرقابة:

1. بيان المعايير والمقاييس اللازمة لتقييم الأداء.
2. قياس الأداء الفعلي.
3. مقارنة الأداء الفعلي بالمعايير والمقاييس الموضوعية.
4. اتخاذ الإجراءات التصحيحية.
5. المتابعة المستمرة للإجراءات مرة ثانية...وهكذا.

وظائف المنظمة:

تمارس المنظمة عددا من الأنشطة بما يمكنها من أداء رسالتها وتحقيق غاياتها وأهدافها، تهتم تلك الأنشطة بالعمليات الإنتاجية، والعمليات التسويقية، وعمليات التمويل، بالإضافة إلى العمليات المرتبطة بالأفراد والعلاقات الإنسانية

وأعمال الشراء والتخزين والجودة والبحوث والتطوير وغيرها من الأنشطة والعمليات وفيما يلي نبذة عن كل نشاط منها:

النشاط التسويقي:

يشمل النشاط التنشيطي ذلك النشاط الإنساني الذي يتم ممارسته لإشباع حاجات ورغبات الافراد من خلال عمليات التبادل، بمراعاة ظروف المجتمع وقيمه وتقاليده.

ومن أهم الأنشطة الفرعية التي يهتم التسويق بالقيام بها:

- تخطيط وتصميم المنتجات (السلع، الخدمات، الأفكار،...) التي يرغبهم العملاء.
- تحديد الأسعار التي تمثل قيم للمنتجات بمراعاة مختلف العوامل المؤثرة.
- بيان المنافذ والسبل التي تسلكها المنتجات عند توزيعها.
- بيان السياسات الترويجية المختلفة للمنتجات كالإعلان والبيع الشخصي وتنشيط المبيعات والنشر.

نشاط الإنتاج والعمليات:

يعمل الإنتاج على خلق المنفعة التشكيلية، حيث يعمد إلى إيجاد شيء له قيمة، قد يتم ذلك من خلال عملية تحليلية أو تصنيعية أو تجميعية، كما قد تم بإجراء بعض المعالجات الصناعية على المادة الخام، بالإضافة إلى إمكانية إتمام العملية الإنتاجية في المنشآت الخدمية من خلال التأليف بين مجموعة المدخلات للفصول إلى مخرجات لها قيمة ينتظرها عملاء بذاتهم.

ومن أهم الأنشطة الفرعية التي يهتم بها الإنتاج:

- تخطيط النشاط الإنتاجي الخاص بالعمليات والعمالة.

- التنبؤ وتقدير حجم الطلب وبالتالي الكميات الواجب إنتاجها.
- الجدولة الزمنية للإنتاج وتحديد أولويات العمل والتشغيل.
- تخطيط الطاقة الإنتاجية والاستثمارات في الآلات والمعدات ونظم تحميلها.
- تخطيط واختيار موقع المصنع ومراكز الإنتاج والخدمات.
- تصميم المصنع وتصميم مراكز الخدمات.
- تصميم نظم العمل وأساليب التشغيل
- تحديد المزيج المناسب من العمالة / رأس المال / الآلات / المواد.
- الهيكل التنظيمي لقطاع الإنتاج والعمليات.
- الصيانة والوقاية العلاجية، الرقابة والمتابعة وتقييم الأداء.
- مراقبة الجودة.

نشاط التمويل:

يهتم التمويل في المنظمة ببحث مصادر الأموال واستخدامها، وإجراء عمليات التخطيط المالي، والرقابة والتحليل المالي، هذا إلى جانب بحث موقف السيولة والربحية بالمنظمة والاهتمام بإدارة النقدية والأصول الثابتة والمتداولة.

ولهذا نجد إن هناك العديد من الأنشطة التي تقع في دائرة التمويل من بينها:

- التخطيط المالي والطرق والوسائل المستخدمة لإتمامه كالميزانيات النقدية التقديرية وقائمة نتائج الأعمال المتوقعة وتحليل التعادل.
- بحث مصادر التمويل الداخلية والخارجية وأهمية كل منها ومدى الاعتماد عليها.
- الاهتمام بإحداث التوافق بين مصادر الأموال واستخداماتها سواء من حيث المجالات أو الآجال.
- التقييم والرقابة المالية لبحث جدوى هذه العمليات والمعاملات.
- إجراء دراسة الجدوى وتقييم مقترحات الاستثمار.

- التحليل والمراجعة المالية وحسابات التكاليف... وغيرها.

النشاط الخاص بالموارد البشرية:

تهتم إدارة الموارد البشرية بجميع الأنشطة المرتبطة بتحديد احتياجات المنظمة من الموارد البشرية وتنمية قدراتها ورفع كفاءتها ومنحها التعويض المناسب والتحفيز والرعية الكاملة بهدف الاستفادة القصوى من جهدها وفكرها من اجل تحقيق أهداف المنظمة.

ويمكن بيان أهم الأنشطة التي مارسها إدارة الموارد البشرية على النحو التالي:

- تخطيط الموارد البشرية وما يتعلق بالقوى العاملة من عرض وطلب وتحليل وتصميم الوظائف هذا إلى جانب أنشطة الاستقطاب والاختيار والتعيين.
- تنمية الموارد البشرية وبحث عمليات التدريب والتطوير الفردي والجماعي.
- التعويض والتحفيز ويتضمن تقييم الوظائف وتحديد الأجور والرواتب هذا بجانب التحفيز الفردي والجماعي.
- صيانة الموارد البشرية وتشتمل على دراسة المنافع المالية والخدمات الاجتماعية وتحليل الروح المعنوية والرضا الوظيفي.
- علاقة العمل وتشمل على أنشطة تخطيط وتنمية المسار الوظيفي وإدارة الحركة الوظيفية (النقل – الترفيه – الاستقالة – المعاش).

إن المحصلة النهائية لوظائف الإدارة من جانب المديرين تفرض عليهم ضرورة الاهتمام المتكامل بكل عنصر من عناصر العملية الإدارية، كذلك الاهتمام بكل وظيفة من وظائف المنظمة حتى تكون المحصلة النهائية ايجابية مما يسهم في تحقيق فعالية المنظمة في جميع ممارستها.

المهارات اللازمة للممارسة العملية الإدارية:

إن ممارسة المهام الإدارية ليس بالأمر الهين، فالوظائف الإدارية معقدة ومتشابكة، وتتضمن العديد من الإبعاد، ومن ثم فهي تتطلب الكثير من المهارات الواجب توافرها في المدير حتى يتسنى له ممارسة عمله بنجاح، ومع تعدد وتنوع تلك المهارات إلا انه يمكن إدراجها في ثلاث مجموعات جوهرية تتمثل في: المهارات الفكرية، والمهارات الإنسانية، والمهارات الفنية، وتختف درجة الحاجة إليها بحسب اختلاف المستويات الإدارية.

المهارات الفكرية:

وتتمثل هذه المهارات في الإدراك والقدرة على فهم التنظيم بصورة متكاملة، والسيطرة على العلاقات بين أجزائه المختلفة، ولذا تشمل تلك المهام على التفكير الإداري والقدرات التخطيطية والبراعة في التعامل مع المعلومات والنظرة الثاقبة والبصيرة النافذة لتكوين الوحدة المتميزة بداخل التنظيم لتكوين المنظمة الرائدة والمتميزة في الصناعة.

ويتطلب توفر هذه المهارات مراعاة الإبعاد التالية:

- القدرة على تكوين النظرة العميقة والموسيقية للبيئة المحيطة والوقوف على مختلف أبعادها وآثارها المختلفة.

- التمكن من التفكير والإستراتيجي والسيطرة على البعد الابتكاري حتى يمكن إحداث التطوير والتغيير.

- التشخيص والقدرة على تحديد طبيعة وظروف المشكلات والمواقف وذلك عن طريق التحليل والاختيار والفهم والاستيعاب.

- إن المهارات الفكرية مطلوبة لكل المديرين ولكنها مطلوبة بصورة أكثر لمن يشغلون المستويات الإدارية الأعلى.

المهارات الإنسانية:

وتشير المهارات الإنسانية إلى قدرة المديرين على العمل مع أو من خلال الآخرين كأعضاء في مجموعة متفاعلة تؤدي عملها بنجاح، ويتطلب توفير هذه المهارات العديد من الأبعاد من بينها:

- القدرة على حسن اختيار المجموعات المتآلفة والاستفادة من جهود الأفراد المتباينة والحصول على أفضل أفكارهم لتطوير منظماتهم.
- القدرة على حفز الافراد وتشجيعهم ودعيم سلوكهم الإيجابي، وتقديم التسهيلات لإثارة دوافعهم للعمل والإنتاج.
- القيادة الفعالة لمجموعات العمل وذلك من خلال الإرشاد والتوجيه والتنسيق فيما بين الافراد.
- إتمام الاتصالات الإدارية فيما بين مجموعات العمل بمختلف أشكال الاتصال الصاعد والهابط والأفقي.
- السعي الدائم لتخفيف الضغوط النفسية والتنظيمية الواقعة على الافراد والتدخل لإدارة الصراع التنظيمي بينهم بما ينعكس بالنتائج الايجابية على الافراد والتنظيم.

المهارات الفنية:

وتعني المهارات الفنية الفهم والقدرة على تحقيق الأنشطة بكفاءة وممارسة المهام بإتقان ودراية، وعادة ما ينعت أصحاب المهارات الفنية بالخبراء كل في مجاله، ويتطلب توفير هذا المهارة العديد من الإبعاد من بينها:

- القدرة على السيطرة على الإجراءات والمدخل والطرق المتخصصة التي يمكن من خلالها اتخاذ الأعمال بكفاءة.
- التعرف الدقيق على المعدات والأدوات والوسائل الأزمة للممارسة مختلف مهام الوظيفة.

- الإلمام بمختلف علاقات الوظيفية الفنية بالوظائف الأخرى ذات الصلة بها سواء كان ذلك قبلها أو بعدها حتى يتيسر أداء العمل بصورة متكاملة ومتناسقة.

- تتعدد صورة المهارات الفنية في مختلف المجالات الهندسية أو التصنيعية المالية أو التسويقية ... وغيرها.

- تتطلب المهارات الفنية قدرا من الابتكار والتجديد لتنميتها والحفاظ عليها.

والمهارات الإدارية تختلف من مستوى إداري إلى آخر، كذلك فهي تتباين من حيث إمكانية اكتسابها والتمكن منها، فالمهارات الفكرية تعد أصعب المهارات في إمكانية التحصيل لحاجتها إلى وقت وخبرة وجهد فكري وعقلي، إلى جانب حاجاتها إلى تنمية المهارات الفنية والإنسانية.

أما المهارات الإنسانية تحتاج قدر من الجهد لاكتسابها لارتباطها بالعلاقات بين الافراد وارتكازها على اعتبارات الاختلاف بين الافراد عن القيم والاتجاهات والعواطف والصفات والخصائص الثقافية والحضارية وفيما يتعلق بالمهارات الفنية فقد تبدو الأسهل في السيطرة عليها لإمكانية تعاملها من خلال نشاط التعلم والتوجيه والتدريب.

عناصر العملية الإدارية في المنظمات من منظور إسلامي:

إن الوظائف الإدارية في المنظمة الإسلامية لا تختلف عنها في المنظمات التقليدية إلا إن الأولى تحظى بطابع مميز يرتكز على المبادئ والقواعد التي فرضتها الشريعة الإسلامية، وهي وظائف متكاملة وشاملة تعمل على تحقيق خيري الدنيا والآخرة، ويمكننا تناول هذه الوظائف باختصار على النحو التالي:

أولاً: التخطيط الإداري:

يعد التخطيط احد الوظائف الإدارية المهمة والتي تعمل على توقع ما سيكون على المستقبل والاستعداد لهذا المستقبل من خلال وضع الأهداف، وإجراء التنبؤات اللازمة، ورسم وصياغة السياسات وإعداد القواعد والإجراءات، بالإضافة إلى وضع برامج العمل لكل نوع على أساس من المراحل التي تتكامل حتى يتم العمل أو النشاط في النهاية وتقرير الإجراءات التي ينبغي إن يلتزم بها المنفذون، وترجمة كل ما سبق في صورة موازنات تقديرية تبين الأرقام والحسابات اللازم لتحقيق الأهداف.

ولقد اهتم الفكر الإداري في الإسلام بوظيفة التخطيط، يمكن ملاحظة ذلك من خلال الإبعاد التالية:

1. الاهتمام بالتخطيط الاستراتيجي، حيث يقول رب العزة جل وعلا على لسان يوسف عليه السلام: "قال تزرعون سبع سنين دأبا فما حصدتم فذروه في سنبلة إلا قليل مما تأكلون، ثم يأتي من بعد ذلك سبع شداد يأكلن ما قدمتم لهن إلا قليلا مما تحصدون، ثم يأتي من بعد ذلك عام فيه يغاث الناس وفيه يعصرون" (يوسف: 47 – 49) ومن الآيات يتضح ضرورة التخطيط على المدى البعيد، فهذه الخطة قوامها خمس عشرة سنة مستقبلا تبين ما يجب إن يتبع حتى تمر البلاد من أزمتها.

2. التدرج في التخطيط، بحيث تؤدي كل مرحلة تخطيطية إلى المرحلة التي تليها، وواضح ذلك من الآيات السابقة على لسان نبي الـلـه يوسف عليه السلام، فالسنوات السبع الأولى مهمة جدا للوصول إلى السنوات السبع الثانية، وتلك بدورها مهمة حتى تصل الأمور إلى السنة الختامية في تلك الخطة.

3. وضع الأهداف بدقة، حتى تستقيم الأمور وتوحد الجهود في سبيل الوصول إلى تلك الأهداف، فيقول تعالى: وان هذا صراطي مستقيما فاتبعوه ولا

تتبعوا السبل فتفرق بكم عن سبيله، ذلكم وصاكم به لعلكم تتقون" (الأنعام: 153).

4. الاستفادة من الإمكانات والموارد المتاحة بأفضل السبل، فيقول تعالى: " وأعدوا لهم ما استطعتم من قوة ومن رباط الخيل ترهبون به عدو اللـه وعدوكم وآخرين من دونهم لا تعلمونهم اللـه يعلمهم" (الأنفال: 60).
5. الاعتماد على الحقائق والمعلومات والبيانات الدقيقة والبعد عن التخمين والخيال، والتقديرات العشوائية, إذ لا يقوم التخطيط على الظن، فلقد حذرنا اللـه سبحانه وتعالى من الاعتماد على الظن في بناء القرارات، حيث يقول سبحانه: "يا أيها الذين آمنوا اجتنبوا كثيرا من الظن إن بعض الظن إثم" (الحجرات:12)، يقول أيضا: "وما يتبع أكثرهم إلا ظنا، إن الظن لا يغني من الحق شيئا" (يونس: 36).
6. البدء بالأولويات عند تخطيط، ويتضح لنا هذا من خطة نشر الدعوة الإسلامية، إذ كانت محددة المنهج واضحة المعالم في تدرجها فكانت على النحو التالي:

أ. البدء بالدعوة سرا.

ب. البدء الأهل والعشيرة.

ج. الجهر بالدعوة في الوقت المناسب.

د. الاعتماد على الإقناع والموعظة الحسنة.

ه. رد الاعتداء بالاعتداء وعدم البدء بالعدوان.

و. تنظيم الحياة المدنية بعد استقرار الأوضاع كذلك كان التركيز في بداية الدعوة على تثبيت العقيدة ومراعاة العبادات، ثم كان بعدها التركيز على المعاملات.

7. تقدير الموارد والإمكانات المتاحة: فيقول تعالى: "لا يكلف اللـه نفسا إلا وسعها" (البقرة:286)، مما يفرض ضرورة مراعاة القدرات المتاحة عند توزيع الأعباء والمسئوليات على الإدارة للقيام بها وتحقيق النتائج المرجوة.

8. موازنة دور المنظمة ونتائج أعمالها، والإحسان عند إعداد الخطط وتنفيذها، يقول تعالى:" واتبع فيما آتاك الـلـه الدار الآخرة، ولا تنس نصيبك من الدنيا وأحسن كما أحسن الـلـه إلك"(القصص: 77)، مما يلزم المنظمة الإسلامية بمراعاة نتائج أعمالها دنيوية وأخروية، والإحسان في إعداد خططها ويقول علي بن أبي طالب كرم الـلـه وجهه، اعمل لدنياك كأنك تعيش أبدا، واعمل لآخرتك كأنك تموت غدا".
9. الموضوعية والواقعية عند وضع الأهداف والخطط والبرامج في حدود المتاح ومراعاة ظروف التطبيق، والبعد عن الأماني والتمني والطموحات البراقة، فالتخطيط ليس دربا من الخيال والأحلام الغارقة في التفاؤل التام، فيقول تعالى:"دعم يأكلوا ويتمتعوا ويلههم الأمل فسوف يعلمون" ويقول الرسول صلى الـلـه عليه وسلم: "الإيمان ما وقر في القلب وصدقه العمل".
10. يهتم التخطيط في أفكر الإداري الإسلامي بعمارة الأرض واستثمار الموارد المتاحة وتنميتها، فيقول تعالى: "هو أنشأكم في الأرض واستعمركم فيها" (هود: 61).

ثانياً: التنظيم الإداري:

يهتم التنظيم كوظيفة إدارية ببيان العلاقات بين جماعة العمل، وذلك لتحديد السلطات والمسؤوليات، فالتنظيم يرتبط بالعمل الجماعي ويقصد منه ترتيب الأشياء في أوضاع معينة تسير تحقيق أهداف الجماعة بأقل الجهود وأقصر الوقت وأدنى التكاليف، ولقد أهتم الفكر الإداري الإسلامي بالتنظيم اهتماماً بالغاً، ويمكننا استقرار العديد من التوجيهات والإلهية في القرآن الكريم تحض على التنظيم في مجتمعات النمل والنحل والطير، أوليس الإنسان بأولى بأن يطبق التنظيم في أعماله وأنشطته من تلك المجتمعات غير الإنسانية، ومن بين الأبعاد التنظيمية التي يجب مراعاتها في الفكر الإداري والإسلامي ما يلي:

1. تأسيس البنيان التنظيمي على هدى من تقوى الـلـه ورضوانه فيقول تعالى: "أفمن أسس بنيانه على تقوى من الـلـه ورضوان خير أمن أسس بنيانه على شفا جرف هار فأنهار به في نار جهنم، و الـلـه لا يهدي القوم الظالمين" (التوبة:109)، وهذا يفرض على المنظمة إن تحدد هيكلها التنظيمي وتؤسسه إطار متكامل وواضح وعادل وذلك في كافة وحداتها الإدارية وفي مختلف الوظائف والمهام التي تتطلبها طبيعة أعمالها بما يؤدي إلى تكاتف الجميع لتحقيق الأهداف المنشودة.
2. مرعاه التدرج الهرمي والتسلسل الإداري في الهيكل التنظيمي، فيقول تعالى: "وهو الذي جعلكم خلائف في الأرض ورفع بعضكم فوق بعض درجات ليبلوكم فيما أتاكم" (الأنعام:165) كما يقول أيضا: " نحن قسمنا معيشتهم في الحياة الدنيا ورفعنا بعضهم فوق بعض درجات ليتخذ بعضهم بعضها سخريا" (الزخف: 32) فلكل فرد مكانته وموضعه الذي يجيد العمل فيه من خلال مؤهلاته ومعلوماته واستعداداته وإبداعاته.
3. توحد البنيان التنظيمي تكامله، ومساندة بعضه البعض، فيقول تعالى: "والمؤمنون والمؤمنات بعضهم أولياء بعض، يأمرون بالمعروف وينهون عن المنكر ويقيمون الصلاة ويؤتون الزكاة ويطيعون الـلـه ورسوله" (التوبة: 71)، ويقول الرسول صلى الـلـه عليه وسلم "مثل المؤمنين في توادهم وتراحمهم وتعاطفهم كمثل الجسد الواحد إذا أشتكى منه عضو تداعى له سائر الأعضاء بالسهر والحمى" متفق عليه.
4. تحديد السلطات وتوزيعها بالشكل الموضوعي، ومراعاة الثقة عند تفويضها على الآخرين، فيقول تعالى: "يا أيها الذين آمنوا لا تتخذوا بطانة من دونكم لا يألونكم خبالا..." (آل عمران:118)، مما يشير إلى انه لا ينبغي تفويض السلطات والاختصاصات إلا لمن يكون محل ثقة وأهلاً للأمانة التي تحملها.
5. مراعاة وحدة الأمر، والتوجيه، والإشراف، تنظيم الأعمال ويتم تنفيذها بعد ذلك بيسر بما لا يدع مجالا للتضارب والازدواج في ممارسة لأنشطة والأعمال.

6. الاهتمام بالمركزية واللامركزية في توزيع السلطات والمسؤوليات بما يؤدي لإتمام الأعمال بسلاسة ودون تعقيد أو توقف، فقد دلت التطبيقات الإسلامية في مختلف النواحي السياسية الاقتصادية والاجتماعية إلى اهتمام الفكر الإسلامي بالمركزية وقت ضرورة تطبيقها، وتطبيق اللامركزية في الظروف المناسبة لها.

7. تطبيق مبدأ الشورى قبل إصدار الأوامر واتخاذ القرارات، مما يتفق مع وجود السلطات الاستشارية التي تعمل على تدبر الأمر من مختلفة زواياه، والوقوف على آراء واتجاهات مختلف الافراد محل الاهتمام بموضوع القرار.

ثالثاً: التوجيه الإداري:

يعد التوجيه العمل المستمر للمدير، ويشير إلى قدرته على السير الصحيح بمرؤوسيه، وهدايتهم وتوجيههم، مع إشاعة روح الود والحب والرضا، والتفاني والانتماء للعمل حتى تتحقق الأهداف المرجوة.

ولقد اهتم الفكر الإداري الإسلامي بهذه الوظيفة اهتماما كبيرا ففي القرآن الكريم والسنة النبوية الشريفة العديد من التوجيهات المرشدة لأبعاد التوجيه الإداري نذكر منها:

1. الاعتماد في التوجيه على الحكمة والموعظة الحسنة، فيقول تعالى: " ادع إلى سبيل ربك بالحكمة والموعظة الحسنة وجادلهم بالتي هي أحسن" (النحل: 125).

2. اللين والرحمة ومراعاة ظروف المرؤوسين، يقول تعالى : " فبما رحمة من اللـه لنت لهم، ولو كنت فظا غليظ القلب لانفضوا من حولك، فاعف عنهم، وشاور في الأمر، فإذا عزمت فتوكل على اللـه" (آل عمران: 159).

3. العدالة عند توجيه المرؤوسين وإرشادهم، وعدم التحيز لون أو جنس أو طبقة، يقول تعالى: "يا أيها الذين أمنوا كونوا قوامين لله شهداء بالقسط ولا يجر منكم شنأن قوم على ألا تعدلوا، اعدلوا هو اقرب للتقوى" (المائدة: 8).
4. وحدة الأمر، فيجب إن يكون هناك قائد واحد لكل مرؤوس حتى ليا يحدث التضارب أو التناقض في التوجيهات، فيقول الرسول الكريم صلى الـلـه عليه وسلم: "لا يحل لثلاثة يكونون بفلاة من الأرض إلا أمروا عليهم احدهم" وهذا يسهم في تحديد المسؤولية ونطاقها وبيان واجبات كل فرد ومصدر توجيه.
5. رعاية المسؤولين والمسؤولية عن أحوالهم من قبل القائد، فيقول الرسول الكريم صلى الـلـه عليه وسلم: " كلكم راع وكلكم مسؤول عن رعيته".
6. السمع والطاعة من قبل المرؤوسين للأوامر وتعليمات رؤسائهم، يقول تعالى: "يا أيها الذين آمنوا أطيعوا الله وأطيعوا الرسول، وأولى الأمر منكم، فإن تنازعتم في شيء فردوه إلى الـلـه والى الرسول إن كنتم تؤمنون بالله واليوم الآخر، ذلك خير وأحسن تأويلا"(النساء:59)، ويقول الرسول الكريم: على المرء السمع والطاعة فيما أحب وكره، إلا إن يؤمر بمعصية فلا سمع ولا طاعة".
7. حث القائد على التعاون والترابط وتضافر الجهود للوصول إلى الهدف المشترك، يقول تعالى: "وأطيعوا الله ورسوله ولا تنازعوا فتفشلوا وتذهب ريحكم واصبروا إن الـلـه مع الصابرين" (الأنفال: 46).
8. القدوة الصالحة، يجب على المدير إن يكون مثالا طيبا ليقتدي به مرؤوسيه، يقول تعالى: "أتأمرون الناس بالبر وتنسون أنفسكم وانتم تتلون الكتاب، أفلا تعقلون" (البقرة: 44) ويحتم ذلك على المدير إن يبدأ بنفسه قبل إن يأمر بفضيلة أو ينهي عن الرزيلة.
9. حسن الخلق والتعامل بالتي هي أحسن، يجب إن يتحلى الرئيس والمرؤوس بحسن الخلق في المعاملة والالتزام بالأمانة والصدق والعدالة والالتزام.....

10. المهارة والخبرة في معالجة الأمور، وسهولة اتصال المرؤوسين برئيسهم عند الحاجة، وكذلك سهولة اتصال العملاء بالمسئولين في المنظمة عندما تقضي الظروف ذلك.
11. التحفيز الايجابي أساس علمية الحفز والدفع للعمل بإتقان، ومراعاة الحوافز المعنوية بالشكر والتقدير، مع عدم إهمال الحوافز السلبية وتطبيقها عند الضرورة.

رابعاً: الرقابة في الإدارة الإسلامية:

تعنى الرقابة الإدارية التأكد من إن العمليات التنفيذية تسير وفق ما خطط لها من قبل، والرقابة عملية مستمرة من قبل وإثناء وبعد التنفيذ وليس فقد بعد إتمام الأعمال والأنشطة وذلك حتى يمكن تدراك الأخطاء وسرعة اتخاذ الإجراءات التصحيحية، والرقابة ضرورية في المنظمات كضرورة باقي الوظائف إن لم تزد عليها لكونها تعطي إشارة الاطمئنان نسير العمليات، أو تلفت النظر إلى ضرورة التدخل لتفادي الأخطاء أو الإصلاح ما وقع منها، وقد اهتم الفكر الإداري الإسلامي بتلك الوظيفة من عدة وجوه يمكننا إن نذكر منها:

1. الإيمان بضرورة الرقابة أولا بأول بما يحسن من أداء الأعمال ويدعم اتقان الأداء، يقول تعالى: " وقل اعملوا فسير اللـه عملكم ورسوله والمؤمنون وستردون إلى عالم الغيب والشهادة فينبئكم بما كنتم تعلمون" (التوبة: 105).
2. تعد الرقابة الذاتية أهم أنواع الرقابة في الفكر الإسلامي، فيقول تعالى: " ما يلفظ من قوله إلا لديه رقيب عتيد" (ق:18)، ويقول أيضا: "فمن يعمل مثقال ذرة خيرا يوره ومن يعمل مثقال ذرة شرا يره"(الزلزلة: 7 – 8)، والرقابة الذاتية تشير إلى رقابة الفرد على نفسه من داخله، فهو يراجع نفسه ويحاسبها على تصرفاته وسلوكه وإعماله وأفعاله قبل إن يتدخل غيره وفي ذلك يقول الرسول عليه السلام: "الكيس من دان نفسه وعمل لما بعد الموت" ويقول عمر بن الخطاب رضي اللـه عنه عن: "حاسبوا أنفسكم قبل أن تحاسبوا

وتزينوا للعرض الأكبر، إنما يخفف الحساب يوم القيامة على من حاسب نفسه في الدنيا".

3. تمثل الرقابة الداخلية رقابة المديرين والمشرفين على أعمال مرؤوسيهم وسلوكهم في العمل للتأكد من حسن سير العمليات وتيسيرها حسبما اتفق عليه مسبقا لتصل المنظمة إلى أهدافها لمشترك بأيسر السبل فالكل يسعى لتحقيق أهدافا واحدة.
4. الاهتمام بالرقابة السابقة، والتي يطلع عليها البعض الرقابة المانعة، أي المانعة لوقوع الأخطاء والانحرافات، وهي بمثابة الوقاية مما يفرض على المديرين التوجيه السليم والنصح السديد لمرؤوسيهم عند التنفيذ وبيان كيفية تجنب الوقوع في الأخطاء، يقول الرسول صلى الـلـه عليه وسلم: "مثل القائم على حدود الـلـه والواقع فيها كمثل قوم أستهموا على سفينة فأصاب بعضهم أعلاها وبعضهم أسفلها، فكان الذين في أسفلها إذا اسقوا مروا على من فوقهم، فقالوا أنا خرقنا في نصيبنا ولم نؤذ من فوقنا فإن تركوهم هلكوا وهلكوا جميعا، إن اخذوا على أيديهم نجوا ونجوا جميعا" صحيح البخاري.
5. الاعتماد على المعايير والمقاييس لتكون أساسا للمحاسبة، فمن الضروري حتى تتم الرقابة على نحو علمي سليم إن تكون هناك أسس ومعايير يتم الرقابة بناء عليها، يقول تعالى: " هو الذي أرسل رسوله بالهدى ودين الحق ليظهره على الدين كله وكفى بالله شهيدا" (الفتح:28) وكان عمر بن الخطاب رضي الـلـه عنه يقول لأصحابه: "أرأيتم إن استعملت عليكم خير من أعلم ثم أرمته باعدل أكنت قضيت ما على:؟ قالوا: نعم، قال: لا، حتى انظر في عمله اعمل بما أرمته أو لا".
6. ضرورة وجود الرقابة الخارجية، وهي تمثل جهات الرقابة الخارجية على أعمال وأنشطة المنظمة وقد تكون رقابة سابقة كما تكون رقابة لاحقة، فالرقابة السابقة تتم عن طريق التعليمات والأوامر والبيانات التي تصدرها الأجهزة المختصة والواجب إتباعها والسير على هداها، أما الرقابة اللاحقة

فتتم من قبل الجهات الخارجية المختصة للتأكد من حسن سير العمليات للوقوف على نتائج الأعمال.

7. الإيمان بوجود الرقابة المجتمعية، إذ يركز الفكر الإداري الإسلامي على وجود ذلك النوع من الرقابة لحماية المجتمع بوجه عام من الوقع في انحرافات تسبب الأضرار لفئات منه، فيقول تعالى: "كنتم خير امة أخرجت للناس تأمرون بالمعروف وتنهون عن المنكر وتؤمنون بالله" (آل عمران: 110) ويقول أيضا: "ولتكن منكم امة يدعون إلى الخير ويأمرون بالمعروف وينهون عن المنكر وأولئك هم المفلحون" (آل عمران: 104).

8. وجوب الاهتمام بدور رقابة المستويات الإدارية الأدنى والاعتراف بدورها في تقويم الأداء، فيجب على المدير إن يشجع العاملين على تقديم آرائهم واقتراحاتهم التي تساهم في حل المشكلات وتصحيح الانحرافات التي تواجهها المنظمة لكونهم اقرب إلى عمليات التنفيذ وأدرى بتفاصيل ومعلومات قد تغيب عن الرئيس الأعلى.

أخلاقيات الإدارة:

إن القضايا الأخلاقية متكاملة ومترابطة بعضها مع البعض الآخر، وغالبا ما تتضمن الإبعاد العقلية والمعرفية بجانب الإبعاد العاطفية والوجدانية ويؤثر كل منها على السلوك والتصرف الإنساني.

والفكر الفلسفي الغربي يدين بالكثير للمفكرين الإغريق القدماء – سقراط وأرسطو وأفلاطون وآخرين – الذين بحثوا القضايا وحاولوا ارتقاء الطرق المنطقية وإدخالها في التفكير الأخلاقي، وبتهم العديد في العصور الوسطى وعصور النهضة وفي العصر الحديث هناك العديد ممن يعتمدون ويستمدون من هذا التراث الفلسفي ويدعمونه.

هذا، وفي جميع الأديان السماوية نجد إن النصيب الوافر من الرسالة تبنى على الأساس الأخلاقي في التعامل، وكل نبي أو رسول صاحب خلق حميدة وينادي الناس بضرورة التمسك بالأخلاق الحميدة.

فلقد حمل الرسول صلى اللـه عليه وسلم شرف الرسالة المحمدية إلى الناس والتي تدعوهم إلى التمسك بالأخلاقيات في التعامل مع جميع الأطراف في جميع الأوقات ولجميع الأغراض والغايات ويصفه رب العز جل وعلا فيقول سبحانه: "وانك لعلى خلق عظيم".

وفي مجال الأعمال والمعاملات تطلق الأخلاقيات عموما على القواعد والمبادئ والقيم التي تنعكس على سلوك وتصرف الأفراد في المواقف المختلفة فالقواعد الأخلاقية المتعارف عليها تقبل الأمانة والوفاء بالوعد ومساعدة الآخرين واحترام حقوق الإنسان على أنها أخلاقيات صحيحة وسليمة، بينما السرقة والخداع وإلحاق الأذى والضر بالآخرين تعد أخلاقيات خاطئة وغير مقبولة ويجب محاربتها في المجتمعات الراقية.

وتعد القيم الإنسانية احد ركائز الأخلاقيات فهي نقطة البداية في التحليل الأخلاقي حيث تمثل المبادئ والركائز والمعتقدات الجوهرية والدائمة حول الأحوال والظروف المرغوبة التي تؤدي لتحقيق أهداف الحياة الإنسانية.

ويجب الأخذ في الاعتبار إن أخلاقيات الأعمال إن أخلاقيات الأعمال لا تمثل مجموعة خاصة من القواعد الأخلاقية عن الأخلاق عامة، ويمكن تطبيقها والالتزام بها في مجال الأعمال فقط، فأخلاقيات الإدارة هي بكل بساطة تطبيق قواعد الأخلاقية العامة في مجال الأعمال والمنظمات.

وسنعرض في هذا الصدد لموضوعين بتعلق كل منهما بالأخلاقيات الإدارية وذلك على النحو التالي:

أولاً: السلوك الأخلاقي:

يشير السلوك الأخلاقي إلى "التصرف التسليم من جانب الافراد، والمقبول من جانب المنظمة والمجتمع"، وبهذا فإن أخلاقيات الأعمال تشمل تلك المعتقدات السائدة عن الايجابيات أو الأشياء الصحيحة المتعلقة بالسلوك والتصرف الإنساني "وتأسيسا على ذلك تتمثل أهم سمات السلوك الأخلاقي في مجال الأعمال فيما يلي:

1. **الانسجام بين العوامل الإنسانية والعوامل المادية:**

يعمل الافراد في جو مادي ومعنوي تختلف فيه الأعمال والآلات والأفكار والاتصالات والأداء والأزمان.... وغيرها من المتغيرات، ولهذا فمن الضروري إيجاد سبيل لتحقيق الانسجام بين العوامل المادية والعوامل الإنسانية يتضح جليا من دراسة وتحليل المناخ التنظيمي السائد، وروح الجماعة، وروحها المعنوية، وسلوكها، ومدى رضاها عن العمل وما ينتج عن ذلك وغيره يمكن وصفه بالسلوك الأخلاقي للأعمال.

2. **الاعتماد على الموضوعية في الحكم على الأشخاص والأشياء:**

إن التصرف الأخلاقي إن كان أساسه ومنبعه النفس البشرية بمجموعها، إلا إن السلوك الأخلاقي يرتبط بالغير أكثر من ارتباطه بالنفس وذلك بسلطة وهيمنة الموضوعية فالحديث عن السلوك الأخلاقي يصبح وهم وخيال خادع.

3. **التكامل والشمول:**

السلوك الأخلاقي سلوك متكامل شامل لا يتجزأ بمعنى إن المنظمة ككل يجب إن تسير في ظل هذا السبيل، ومن ثم فإن نظام المنافسة الذي تتهجه يجب إن يتسم بالأخلاق، كما إن وسائلها ورسائلها الإعلامية أيضا تكون أخلاقية، والمديرون

داخل المنظمة يجب أن يتسموا بالأخلاق، والعاملين داخل المنظمة يجب إن يتصفوا بالسلوك الأخلاقي.... وهكذا وبشكل كلي، فإن تحقيق الإستراتيجية الأخلاقية الملائمة للمنظمة الحديثة لا يمكن تحقيقها بسهولة من خلال الاعتماد على الاستقامة الأخلاقية للمديرين فقط.

4. الاعتماد على مقاييس ومعايير يقبلها المجتمع لسلوك وتصرف الافراد:

إن التصرف والسلوك الأخلاقي يبنى على مقاييس ومعايير تهتم بخلق المحيطة، وذلك في ظل محددات وقيم مجتمعية تنبع من دين وحضارة وتراث وثقافة هذا المجتمع.

ثانياً: المستثمر الأخلاقي:

غالباً ما يشهد المناخ التنظيمي بعض الصراعات والتناقضات التنظيمية التي ترجع للعديد من الأسباب من بينها صراع الدور وغموضه أحيانا، والأطماع البشرية أحيانا أخرى، ومع هذه الأسباب وغيرها لا يمكن القول بأن أخطاء المنظمة أو جنوحها فقط لإداراتها، بل يتحمل المساهمون أيضا مسؤولية معنوية تجاه منظماتهم - بجانب مسؤوليتهم المادية - تهدف إلى وضع المسار الأخلاقي والتدخل بين حين وآخر لتصحيح طرق أدائه.

والمستثمر الأخلاقي يمثل الفرد أو الجهة الذي / التي يراعي وهو يصيغ إستراتيجية المنظمة ويضع خططها الاتجاهات والمتغيرات الأخلاقية والاجتماعية نصيب عينيه بحيث يساعد منظمته على حل أو إيجاد سبل مواجهة المشكلات الاجتماعية.

وليس من الضروري إن يكون المستثمر الأخلاقي مساهم في منظمة اقتصادية، بل قد يكون بجامعة أو هيئة تأمين ومعاشات أو شئون بلدية ومختلف

نشاطاتها.. فهذه المنظمات وغيرها غالبا ما يكون لها دورا هاما في مجال التأثير والاستثمار في النطاق الأخلاقي للعديد من المنظمات الأخرى.

ولتطبيق إستراتيجية فعالة في هذا الصدد يمكن الاعتماد على احد بديلين هما:

1. تبنى المستثمر الأخلاقي (المنظمة) لمقياس أو دليل أو دستور معين يسترشد به المسؤولين في اتخاذ قراراتهم وتنظيم إجراءاتهم ومع بساطة هذا البديل وسهولة إلمام الجميع به، إلا انه يعاب عليه تحديد مجالات ونواحي التفكير في الأخلاقيات مما يحدد من مجالات التصرف الأخلاقي لمختلف المواقف.

2. ترك المستثمر الأخلاقي (المنظمة) الحرية للمسئولين للتصرف بناء على مدى فهمهم واستيعابهم للنواحي الأخلاقية الصحيحة، ومع أهمية هذا الاتجاه في فتح مجالات جديدة للتفكير في التصرف الأخلاقي ومساعدته في المبادأة والابتكار لنهج الطرق والسبل والمسايرة لمختلف المواقف، إلا انه قد يشتت الجهود ويعطي الحرية للأفراد بصورة قد لا تبدو منسجمة متكاملة مما يحدث التضارب.

الفصل الرابع
تطور الفكر الإداري

تطور الفكر الإداري

ظهرت الحاجة للإدارة منذ نشأة الإنسان، وازداد الاهتمام بها منذ عرف الإنسان أهمية التخطيط والتنظيم والرقابة على أنشطته منذ آلاف السنين وبالرغم من هذا لم يظهر الاهتمام علميا بالإدارة كفكر ومفاهيم ومبادئ وأساليب إلا أواخر القرن الماضي، ويتناول هذا الفصل التطور التاريخي لعلى الإدارة مركزا الاهتمام على احدث التطورات النظريات العلمية.

البداية ترجع إلى أعماق التاريخ:

يرجع البعض نشأة الإدارة إلى ثلاثة أو أربعة آلاف سنة ماضية، وللتدليل على ذلك يمكن اخذ عملية بناء الأهرامات كمثال، ولقد تم استخدام 2.3 مليون قطعة من الحجر تزن كل قطعة حوالي 2,5 طن، و 100.000 عامل و13 فدان بخلاف العديد من الأدوات والآلات والخامات، ولبناء مثل هذا الصرح الهائل يلزم حصيلة من العلم بمبادئ التخطيط، والتنظيم والرقابة واتخاذ القرارات وفن التعامل مع الناس وتحميسهم للعمل وقيادتهم والاتصال بهم ويمكن الاستعانة بالعديد من الأمثلة لدى الرومان واليونانيين والفرس وغيرهم.

ميكيافيلي ... كتب ميكيافيلي كتابه "الأمير" في القرن السادس عشر لنيل رضا حاكم إحدى المدن الإيطالية، وفي هذا الكتاب وصف ميكيافيلي كيف يجب إن يتصرف الأمير الكفء وكان المبدأ الأساسي في هذا الكتاب هو "الغاية تبرر الوسيلة" وهذا يعني إن أي وسيلة أو تصرف، حتى لو كانت غير شريفة أو غير أخلاقية، وهي مشروعة ويمكن الاعتماد عليها لتحقيق الغاية أو الهدف. ولقد توالت نصائح ميكيافيلي للأمير الكفء بضرورة استخدام أساليب المكر والخداع والتدليس والدهاء والمناورة والمراوغة والمساومة بجانب استخدام القهر والعقاب والردع كأساليب لإحكام الرقابة على تصرفات وسلوك المرؤوسين، ولا يمنع ذلك أيضا، كما في الفكر الميكيافيلي، من استخدام الحب والحوافز والمكافآت على إن يكون هذا في ظل استخدام أساليب الردع.

والغريب إن بعض هذه الأفكار موجودة جزئيا لدى بعض المديرين أو بعض المنظمات، على الأخص السياسي منها، حتى إن بعض المنظمات الناجحة تلجأ من وقت لآخر لأساليب غير أخلاقية وأساليب المراوغة والمناورة للحصول على عقد أو ميزة نسبية عن المنظمات الأخرى، ويمكن القول إن الاعتماد كليا على هذا الأسلوب لا تؤتى ثمارها في الأجل الطويل.

النظرية الكلاسيكية في الإدارة:

يمكن التعرف على مجموعة من النظريات المتشابهة في الإدارة وإطلاق اسم كلاسيكي أو تقليدي عليها لأنها قديمة نسبيا وأيضا ما زالت مستخدمة في الكثير من تصرفاتنا الإدارية، ولقد ظهرت هذه النظريات في القرن التاسع عشر وأوائل القرن العشرين، وتعتمد مجموعة النظريات الكلاسيكية على التبرير الاقتصادي للأمور ومن أمثلته إن الناس مدفوعين للعمل للحصول على العوائد المادية، وإنهم تبعا لذلك سيطيعون أوامر منظماتهم، وان هذه المنظمات يمكنها السيطرة على الناس من خلال الأجور والحوافز المادية، وإنها يمكن إن تصمم العمل والوظائف بالشكل الذي تقلل به والأقصى قدر تأثير العلاقات الشخصية على العمل، والذي تزيد به ولأقصى قدر العقلانية والتدبير والموضوعية في العمل.

الإدارة العلمية: تعتبر محاولات فردريك تيلور أول محاولة مناضلة في هذا المجال، وقد كان هذه المحاولات في شكل مجموعة من التجارب الإدارية و الشركات التي عمل بها، وتبلورت هذه التجارب والمحاولات في كتاب "مبادئ الإدارة العلمية" عام 1911، وهذه المبادئ هي:

1. يجب تجزئة وظيفة الفرد إلى مهام صغيرة، ويجب معرفة انسب الطرق لأداء كل مهمة.
2. يجب إن يختار الفرد بطريقة تناسب العمل ويجب إن يدرب عليه بالطريقة المصممة والسليمة.

3. يجب إن يتعاون الأفراد مع الإدارة في تحقيق العمل بالطريقة السليمة.

4. يجب إن يتم تقسيم العمل في المنظمة بين الإدارة والعمال، وتضطلع الإدارة بمهام تصميم الوظائف والأجور والتعيين، ويضطلع العمال بأداء وتنفيذ المهام والوظائف الموكلة إليهم.

5. المحفزات المادية من خلال الأجور والحوافز هي ما يسعى إليه الفرد أساسا من العمل، ويمكن دفعه للأداء من خلالها.

تلى ذلك محاولات ناجحة من الزوجين فرانك جليبرت وليليان جليبرت فيما يسمى (بدراسات الحركة والوقت) وفي تلك الدراسات التي تقوم ببحث أنواع الحركات التي يؤديها العامل في عمله ووقت كل حركة، حيث يتبين من تحليل هذه الحركات إن بعضها يمكن حذفه والبعض الآخر يمكن دمجه أو اختصاره أو يمكن إعادة ترتيب الحركات بالشكل الذي يؤدي إلى أداء أسهل وأسرع، واستطاع الزوجين إن يكونا فرقيا فيما يتهم لدراسة الحركة والوقت لكثير من الشركات ففتح الزوج مكتب للاستشارات الإدارية وحصلت الزوجة على دكتوراه في علم النفس وكان عنوان رسالتها " علم النفس الإداري " وذلك في عام 1915.

ومن الطريف إن يذكر أبناء فرانك وليليان جيلبرت إن والدهم كان يطبق نفس الدراسات داخل المنزل، فقد وجد إن إدخال زراير القميص في العراوى أسرع لو تم ذلك من أعلى (ويحتاج ذلك إلى ثلاث ثواني) عما لو تم ذلك من أسفل (ويحتاج ذلك إلى سبع ثواني)، وعندما حاول إن يطبق ذلك على حلاقة ذقنه استطاع إن يختصر المدة إلى 40 ثانية عندما استخدم ماكينتين للحلاقة وحركات معينة، إلا انه للأسف كان عليه إن ينفق دقيقتين كاملتين لتضميد جراح ذقنه، وعلى هذا يمكننا القول إن أسرع الطرق ليس في كل الأحوال أكفاءها.

وباختصار، يمكن القول بأن مساهمة نظرية الإدارة العلمية في أنها ركزت على ضرورة التخصص في العمل، وضرورة الاهتمام بتصميم الوظائف والأعمال، وضرورة الاختيار والتدريب.

مبادئ الإدارة: ركزت مجموعة أخرى من المنظرين الكلاسيكيين ليس على العمال ووظائفهم بل على العمليات الإدارية والتنظيمية في المشروع، وكان من أشهر رواد نظرية مبادئ الإدارة مديرا لشركة مناجم في فرنسا يدعى "هنري فايول" الذي قسم العملية الإدارية إلى خمسة أنشطة استطاع إن يضع 14 مبدأ يمكن من خلالها الاضطلاع بأنشطة الإدارة على خير وجه.

وفيما يلي نذكر الأربعة عشر مبدأ:

1. تقسيم العمل والتخصص.... يمكن تحسين العمل من خلال تقسيم العمل بين الناس بحيث يكونوا متخصصين فيه.
2. السلطة والمسئولية... وتعني السلطة الحق في إصدار الأوامر والمسئولية هي مقدار، المساءلة الناجم عن التمتع بحق إصدار الأوامر.
3. الضبط والربط... إن أفضل الطرق للحصول على الضبط والربط هي إن يطبق المدير أنظمة الجزاء والعقاب في حالة حدوث أخطاء، على إن يتم التطبيق بصورة عادلة.
4. وحدة الأمر.... تعني إن كل فرد يحصل على أوامره من فرد واحد.
5. وحدة الهدف... تعني إن وحدات التنظيم لابد إن تساهم أنشطتها في تحقيق أهداف المشروع.
6. أولوية المصالح العامة على المصالح الشخصية... وهذا يعني انه عندما تتعارض مصالح المنظمة مع مصالح الأفراد، تأتي مصالح المنظمة في ترتيب متقدم.
7. عوائد العاملين.... يجب إن يكون الأجر والمستحقات مناسبة لكل من العاملين والمنظمة.
8. المركزية... إن التعامل مع الافراد يمثل نوع من اللامركزية في حين يمثل استخدام السلطات الإدارية نوعا من الحقوق المتمركزة لدى المديرين.

9. التسلسل الرئاسي... لابد من وضوح التبعيات الرئاسية باعتبارها خطوط للسلطة والاتصالات بين الرؤساء والمرؤوسين، وعلى كل منهما إن يتبع هذه الخطط بدقة في عمليات الاتصال.
10. النظام... على الموارد مثل الخامات والأفراد والأدوات إن تكون في مكانها في الوقت المناسب لكي توفر استخدام أمثل.
11. العدالة.... لابد من توفير معاملة عادلة لكل العاملين.
12. استقرار العمالة.... لابد من توفير العمال بطريقة سليمة حتى يمكن التقليل من احتمال تسربهم.
13. المبادأة.... لا بد من تشجيع المبادأة والابتكار لضمان تطوير المشروع.
14. تنمية روح الجماعة... يجب تنمية روح الجماعة والتوافق بين العاملين.

التنظيم البيروقراطي..... يعتبر "ماكس فيبر" أكثر العلماء قربا من الاتجاه البيروقراطي في دراسة الإدارة والتنظيم، ولقد اتخذ هذا الاتجاه من ملاحظته لسوء استخدام المديرين لسلطاتهم وعدم الاتساق في أسلوب الإدارة دون وجود قواعد حاكمة للسلوك، ولهذا بنى ماكس فيبر نظريته في البيروقراطية على المبادئ الآتية:

1. التخصص وتقسيم العمل هو أساس الأداء الناجح للأعمال والوظائف.
2. التسلسل الرئاسي ضروري لتحديد العلاقات بين المديرين ومرؤوسيهم
3. نظام للقواعد مطلوب لتحديد واجبات وحقوق العاملين.
4. نظام للإجراءات ضروري لتحديد أسلوب التصرف في ظروف العمل المختلفة.
5. نظام من العلاقات غير الشخصية مطلوب لشيوع الموضوعية والحيدة في التعامل.
6. نظام اختيار وترقية العاملين يعتمد على الجدارة الفنية للقيام بالعمل.

ويلاحظ إن هناك عزيمة من قبل المنظمات إلى استخدام هذه المبادئ وذلك بنمو وزيادة حجم هذه المنظمات، ومبادئ البيروقراطية، في حد ذاتها، ليس فيها ما

يعيبها، إلا انه عند التطبيق نجد إن العاملين يخافون من التصرف لأن المشكلة محل التصرف لم يتم تغطيتها بواسطة قاعدة أو إجراء، كما قد نجد البعض غير مستعدين للمبادأة أو الابتكار بتصرف جديد لأن ذلك قد يتعارض مع أو يكسر قاعدة من قواعد المنظمة. لهذا تبدأ عيوب النظام البيروقراطي في الظهور، وهذه العيوب هي:

1. تضخم الأعباء الروتينية.
2. عدم اعتناء العاملين بصالح المنظمات واهتمامهم فقط باستيفاء الإجراءات.
3. شعور العاملين بأنهم يعاملون كآلات، وانتقال نفس الشعور لمن يتعامل معهم.
4. الإجراءات والقواعد تؤدي إلى تشابه في شكل السلوك وتوحده ثم إلى تحجزه، مما يزيد الأداء صعوبة.
5. الاعتماد الصارم على القواعد والإجراءات يقضي على روح المبادأة والابتكار والنمو الشخصي.

ولإنهاء النقاش حول النظريات الكلاسيكية نود إن نشير إلى أنها كانت تفترض الرشد والعقلانية في تصرفات الناس وإنهم سيسعون إلى الموضوعية، وواقع الأمور يشير إلى إن الكثير منا يتصرف كانعكاس لدوافعه ورغباته وميوله وليس على أساس من العقل والرشد.

وتفترض النظريات الكلاسيكية وجود مبادئ عامة تطبق على الافراد والأعمال والمنظمات في كل زمان ومكان، ويصعب قبول هذا لأن ما قد يكون مفيدا في موقف قد لا يكون مفيدا في آخر، وبالتالي يصعب قبول عمومية هذه المبادئ، ولا يجب الخروج من هذا النقاش بالنقد فقط لهذه النظريات، بل يجب تقديرها لأنها تقدم لنا العديد من المبادئ التي مازالت مستخدمة وبقوة، كما إن هذه النظريات كانت الأساس السليم لتطور عليم الإدارة ولظهور نظريات حديثة.

النظريات الكلاسيكية الحديثة:

ظهرت الأفكار الموجودة في النظريات الكلاسيكية الحديثة في الفترة مابين العشرينات والخمسينات من هذا القرن، وكان الاتجاه السائد في هذه الأفكار هو التركيز على الاحتياجات الاجتماعية للعاملين واتجاهاتهم النفسية، ونفترض إن الإنسان لا يتصرف برشد أو بعقلانية وإنما ببناء على ميوله ورغباته، وان الناس عندما يذهبون إلى أعمالهم يحملون معهم احتياجاتهم الاجتماعية.

وقد ظهرت هذه النظريات كنتاج لمجموعة من التجارب في مصنع هاوثورن في شركة وسترن إليكتريك بقيادة إلتون مايو مع ديكسون وروثلزبرجر في أواخر العشرينات وأوائل الثلاثينات من هذا القرن، وكان منت نتيجتها إن العوامل الاجتماعية ومشاعر الناس وحاجاتهم الاجتماعية لها تأثر قوي على إنتاجيتهم في العمل، ويلاحظ إن النظريات الكلاسيكية الحديثة سميت بهذا الاسم لأنها ترفض مبادئ النظرية الكلاسيكية وإنما عدلت من القليل منها، فهي ترفض إن يعامل الإنسان كآلة وإنما كفرد له مشاعره وأهميته وان عوامل معينة لها أهميتها في العمل كروح الجماعة والعلاقات الإنسانية والمشاركة.

ويمكن تلخيص أهم مبادئ النظرية الكلاسيكية الحديثة أو نظرية العلاقات الإنسانية في الآتي:

1. تأثير الناس في سلوكهم داخل العمل باحتياجاتهم الاجتماعية.
2. يشعر الناس بأهميتهم وذواتهم من خلال العلاقات الاجتماعية بالآخرين.
3. إن التخصص وتقسيم العمل والاتجاه إلى الآلية والروتينية في العمل تفقد هذا العمل جوانبه الاجتماعية وتجعله غير مرض للعاملين به.
4. يتأثر الناس بعلاقاتهم الاجتماعية وزملاءهم في العمل أكثر من تأثيرهم بأنظمة الرقابة الإدارية والحوافز المادية.

5. على الإدارة إن تأخذ المبادئ الأربعة السابقة في الحسبان عند تصميم سياستها في التعامل مع العاملين، على إن تظهر هذه السياسات اهتماما بمشاعر العاملين.

ولقد تأثرت كثير من سياسات المنظمات بهذه الدراسة في تكوينها للسياسات التي تتعامل بها مع العاملين، ومن أمثلة هذه السياسات أنظمة المشاركة في اتخاذ القرارات، أنظمة الشكاوى ووضع أسس لحلها، وأنظمة الاقتراحات، والرحلات والحفلات الاجتماعية، وما يعيب هذه النظرية أنها تغالي في استخدام العلاقات الإنسانية الأمر الذي قد يصل إلى التدليل أو الإفساد، كما إن هذه النظرية كما إن هذه النظرية لم يثبت بالتجربة أن لها تأثير واضح وفعال على إنتاجية العاملين.

النظريات الحديثة في الإدارة:

ظهرت من الخمسينات حتى السبعينات من هذا القرن مجموعة من النظريات التي تعترف إن المنظمات ذات تكوين مركب (أو معقد لو شئت ذلك) فهناك أهداف، وعمليات إدارية، ومديرين، وعاملين، وأنشطة وموارد عديدة، وهذا التعدد يستلزم الرجوع إلى علوم متعددة حتى يمكن تفسير الظواهر الإدارية المختلفة، وهذه العلوم مثل علم النفس، وعلى الاجتماع، وعلم السياسة، والرياضيات، وعلوم الاتصال، وغيرها.

سنقوم في هذا الجزء بتناول أهم النظريات الحديثة في الإدارة وهي:

1. نظرية العلوم السلوكية.
2. نظرية بحوث العمليات.
3. نظرية النظم.
4. النظرية الموقفية (أو الاعتمادية).

نظرية العلوم السلوكية.... نتيجة للعيوب التي ظهرت في نظرية العلاقات الإنسانية (أو الكلاسيكية الحديثة) حاول بعض العلماء تطويرها بالشكل الذي يسمح باستخدام كل الجوانب السلوكية للناس لإعطاء تفسيرات أكثر دقة للأداء الناجح لهم في أعمالهم... فبينما ركزت نظرية العلاقات الإنسانية على الاهتمام بمشاعر الناس لدرجة المبالغة والتدليل والإفساد، فإن النظريات الحديثة تحاول إن تعطي تفسيرات واقعية، والاعتراف بالجوانب الايجابية والسلبية لكل من سلوك الافراد وسلوك الإدارة حتى يمكنها استخدام كل الطاقات السلوكية للناس في أعمالهم، ومن رواد هذه النظرية كريس ارجيريس، ودوجلاس ماكجريجور، ورنسيس ليكرت، وابراهام مازلو، وفردريك هرزبرج.

ويمكن تجميع أراء هؤلاء المساهمين وتخليصها في المبادئ الآتية:

1. يختلف الناس في حاجاتهم فالبعض منهم تسيطر عليه الحاجات المادية والبعض الآخر تسيطر عليه الحاجة للتقدير أو تحقيق الذات، وعلى العموم يبدأ الإنسان بمحاولة تحقيق وإشباع حاجاته المادية الأولية ثم الحاجة للأمان، ثم الحاجات الاجتماعية، ثم الحاجة للتقدير، ثم الحاجة تحقيق الذات.... وقيام المنظمة بمساعدة الافراد في إشباع حاجاتهم يساعد في إبراز طاقاتهم، وإمكانياتهم إلى ابعد حد.

2. يسعى الأفراد إن يكونوا ناضجين وناجحين في العمل وهم يبرزون طاقاتهم لمي يشعروا بالكمال والنجاح وذلك إذا كان العمل مصمما ومهيئا ومساعدا على النجاح.

3. هناك قدر من الانضباط الذاتي لدى الافراد، وان الرقابة الدقيقة التي قد تفرضها الإدارة تؤذي هذا الشعور بالانضباط الذاتي، وعليه فإن الرقابة غير المباشرة من قبل الإدارة مع إشعار الناس بأنهم مسؤولين عن أعمالهم يمكن إن يعمق الإحساس بالانضباط الذاتي، ويشبع حالة من الرقابة الذاتية على العمل ونتائجه.

4. يتميز الناس بأن لديهم قدر من الحماس والدافعية الداخلية للعمل والأداء المميز، ويمكن للمنظمات إن تستفيد من هذه الرغبة في العمل والانجاز وذلك بتوفير أعمال وظروف عمل مواتيه لإبراز طاقات العمل والانجاز.
5. يسعى الفرد لتحقيق تقابل وتماثل بين أهدافه المنظمة التي يعمل بها، فإن لم يكن هناك تعارض بين هاتين المجموعتين من الأهداف انطلقت الطاقات النفسية والقدرات الفردية لتحقيق هذه الأهداف.
6. إن اعتراف المنظمات بالمبادئ الخمسة السابقة يعني اقتناعها بضرورة وضع ممارسات وسياسات إدارية تتمشى مع هذه المبادئ ومن ضمن هذه الممارسات والسياسات الإدارية والمرونة في تصميم العمل مما يسمح بحريات للإفراد لإبراز طاقاتهم ولابتكارهم الشخصي، ونظم الإشراف المرنة التي تسمح في آن واحد بكل من شعور الناس بانضباطهم الذاتي وأيضا بتطبيق نظام محكم للرقابة، ووضع أنظمة لتفويض السلطات وتنمية المهارات في ممارسة السلطة المفوضة، وغيرها من الممارسات.

وبالرغم من إن هذه النظرية تقدم مجموعة من المبادئ التي أثبتت التجارب أنها ناجحة، إلا نه ما زالت هناك عناصر أخرى في العملية الإدارية والمنظمات لم تغطيها النظرية، فقد اهتمت النظرية بالجوانب السلوكية مع إغفال العمليات الإدارية والتنظيمية، وهذا القصور وهو ما تسعى مجموعة النظريات التالية في محاولة بحثه وعلاجه.

مدرسة بحوث العمليات... ظهرت هذه المدرسة كنتاج للحاجة إلى الاهتمام بالعمليات الإدارية بصورة عملية، وكنتاج للتطور في الإدارة العملية التي تهتم بإيجاد انسب الطرق الأداء العمل استنادا إلى البحث، وكنتاج لمحاولة الاستفادة، من علوم الإحصاء والرياضة التطبيقية، لقد ظهرت مدرسة تعنى بالبحث العلمي للعمليات الإدارية في محاولة لإيجاد حلول علمية لمشاكلها مستخدمة في ذلك الأساليب الكمية، وهي مدرسة بحوث العمليات.

وتهدف هذه المدرسة إلى محاولة حل المشاكل الإدارية واتخاذ قرارات تسم بالرشد والعقلانية باستخدام الأساليب الإحصائية والرياضية، وللتبسيط إذا قيل إن إحدى الشركات يمكنها فتح سوق جديدة لها في مدينة دمنهور كامتداد لمدية الإسكندرية وكانت الشركة تنوي عرض 1000 وحدة بدمنهور سعر الوحدة 50 جنيه بربح قدره 15 جنيه للوحدة... وكنتيجة للبحوث التسويقية الاستطلاعية تبين إن احتمال البيع لهذه الوحدات هو 70% وان الشركة تخسر 20 جنيه في الوحدة غير المباعة والسؤال المثار الآن هل تقوم الشركة على دخول السوق الجديدة أم لا؟... للإجابة كميا على هذا التساؤل واتخاذ قرار يمكن القول بأن دخول السوق يحقق احتمالا للربح مقداره 1000 وحدة × 15 جنيه ربح للوحدة × 70% احتمال تحقق الربح =10,500 جنيه.

كما يمكن القول بأن احتمال الخسارة هو 1000 وحدة × 20 جنيه خسارة الوحدة × 30% احتمال تحقق الخسارة = 6000 جنيه... وبطرح احتمال الخسارة من احتمال الربح يمكن القول بأن صافي احتمال الربح يساوي 4500 جنيه وبالتالي يجب إن يكون القرار النهائي في صالح دخول السوق الجديدة بدمنهور.

ويلاحظ إن المثال السابق يمثل تبسيطا شديدا للنواحي الكمية، وتتعدد طرق وأدوات بحوث العمليات وتتعمق في النواحي الرياضة والإحصائية وتتعقد حساباتها للدرجة التي قد يحتاج إلى خلفية متقدمة من الإداري في هذه النواحي وللدرجة التي قد تستلزم استخدام الحسابات الآلية (الكمبيوتر) في استخراج الحلول.

وتتقدم هذه المدرسة بعض المزايا مثل الدقة والموضوعية في اتخاذ القرار وإن كان يعيبها صعوبة توفير بيانات كمية عن العمليات الإدارية أو المشاكل ولجوء المتخصصين في بحوث العمليات إلى افتراض فروض معينة لتطبيق الطرق أو النموذج الرياضي المستخدم، كما قد يستلزم الأمر أحيانا إلى تبسيط البيان أو إلغاء بعضها مما قد يسبب في النهاية عدم واقعية الحلول واتخاذ القرارات عدم

مناسبتها لطبيعة المشكلة، وبالرغم من هذه العيوب، إلا انه يمكن القرار إن هذه المدرسة تساهم في حل العديد من المشاكل عن طريق محاولة وضعهم شكل أرقام وعلاقات كمية مما قد يؤدي إلى التعقل والرشد في القرارات.

وسيتناول هذا الكتاب بشيء من التبسيط بعض أدوات بحوث العملية كمثال في كيفية تأثير الاتجاهات الكمية والرياضية على اتخاذ القرارات ال.. بالتخطيط أو التنظيم والرقابة، وسيتم تناول هذه الأدوات كل عند العمليات الإدارية المختلفة من اتخاذ قرار وتخطيط وتنظيم ورقابة.

نظرية النظم... النظام هو كيان من العناصر المتعمدة على بعضها والتي تفاعلها تؤثر على بعضها كما تؤثر على النواتج والانجازات المطلوب تحقيق واهم إسهام لهذه النظرية يتمثل في النظر إلى المنظمات أو المستودعات كما كبير تتكون من عدة أنظمة جزئية تؤثر وتتأثر وتتفاعل مع بعضها.

* المدخلات.... مثل الخامات والأفراد وللأحوال والمعلومات.

* العمليات والأنشطة... هي مجموعة الأنشطة اللازمة لمزج وتحويل المدخلات إلى نواتج ومخرجات، وهذه الأنشطة قد تتمثل عمليات تحويل صناعي أو الإنتاج أو العمليات الإدارية المختلفة.

* المخرجات... وهي عبارة عن النواتج أو الأهداف الواجب الوصول إليها مثل إنتاج وتسويق سلعة معينة.

* المعلومات المرتدة.... هي معلومات تصل إلى المسئولين عن المدخلات وتصلهم من الجزء الخاص بالمخرجات أو النواتج، والمعلومات تمس ما إذا كانت النواتج والمعلومات قد تمت على أحسن وجه، ويلاحظ إن هذه المعلومات تمثل نوع من الرقابة لتصحيح مسار النظام ككل.

* البيئة.... وهي مجموعة الأنظمة الخارجة مثل الأنظمة السياسية والحضارية والقانونية والفنية والاقتصادية وهي تؤثر على شكل وطبيعة المدخلات والعمليات والمخرجات.

ويتمثل مساهمة نظرية النظم في ضرورة إلى الافراد والموارد والعمليات الإدارية والأهداف في أي منظمة كمجموعة من الأنظمة الفرعية التي تكون نظام متكامل، وان هذا النظام يتأثر بالتفاعلات التي تحدث بين عناصر النظام.

النظرية الموقفية.... تعتمد هذه النظرية على إن التعقد في مكونات المنظمة والتعقد في العملية الإدارية والتغيير المستمر في البيئة والظروف والموارد التي تجعل من الصعب الاعتماد على قواعد محددة وإجراءات موضوعة بصورة مسح في كل الحالات والظروف، وبالتالي فان هذه النظرية تقول إن المدير يجب يتصرف بناءا على الموقف والظروف المحيطة، وعليه يمكن، وللتبسيط، القرار بأن هذه النظرية تقول إن المدير بتصرف بناء على المنطوق التالي: لو الظروف هي كذا وكذا، فإن التصرف السليم هو كذا وكذا، وهو يمكن تصويره كالآتي:

لو .... ← فإن ....

ويتشكك البعض في أصول هذه النظرية معتمدين على إن نتائج النظرية معتمدين على إن نتائج البحر العلمية في الإدارة لم تثبت وحدانية أو عمومية مبادئ الإدارة، أي إن مبادئ الإدارة لم يتم إثبات صحتها في كل الظروف والمواقف، ومن هنا يصح الناتج بأن لكل ظروف أو موقف المبادئ التي تناسبه، أو أننا يمكن القول بأن مبادئ الإدارة التي تم الاستقرار عليها مثل هيراركية التنظيم وتعادل والمسؤولية وغيرها هي مبادئ مستقرة ومقبولة إلى حد كبير ولكن أسلوب تطبيقها قد يحتاج إلى بعض التعديل والتحوير حتى يتناسب مع الظروف المحيطة أو الموقف، فعلى سبيل المثال يمكن القول بأن من المبادئ العامة تفويض السلطة للمرؤوسين وإشراكهم في اتخاذ القرارات، وكتحوير من المبدأ يمكن القول لو إن المرؤوس ذو شخصية سوية ومدرب وعلاقته بالرئيس جيدة فإن التفويض يؤتي ثماره، ولو إن المرؤوس ذو شخصية مضطربة و مدرب إداريا فإن تفويض السلطة يجب إن يكون بحساب وقدر وبصورة محدودة.

ويعاب على هذه النظرية أنها لا تسعى إلى وضع حلول جوهرية وتترك إلا للموقف كما أنها تقلل من أهمية مبادئ الإدارة ولكن تتميز هذه النظرية بأنها تمنح مرونة للمديرين للتصرف وفقهما تمليه الظروف والموقف.

الفصل الخامس

التخطيط

التخطيط

أولاً: تعريف التخطيط:

يعرف التخطيط بأنه عملية إعداد القرارات للقيام بعمل ما في المستقبل لتحقيق أهداف معينة بوسائل ذات فعالية عالية، والتخطيط عملية رشيدة ووسيلة واتخاذ قرارات وإدارة، ويعتمد التخطيط على استقصاء حوادث المادي وملاحظة الوضع الحاضر والتنبؤ بما ينطوي عليه المستقبل.

وينبغي التمييز بين التخطيط على المستوى القومي والتخطيط على مستوى المنشآت، فإذا ارتبط البحث في التخطيط في الإدارة العامة يكون الحديث عن التخطيط في المجال العالم وعلى المستوى القومي، أما إذا بحثنا في التخطيط من مدخل إدارة الأعمال فيقضي مناقشته على مستوى المنشآت الصناعية أو التجارية، ويعرف إليوت التخطيط "بأنه محاول لتطبيق المنطق والعقل وبعد النظر لتنظيم مصالح البشر وتحقيق الأهداف الإنسانية"، أما الخطة فهي برنامج عمل للمستقبل، ويعرف واترستون التخطيط "بأنه عملية ذهنية منظمة لاختيار أفضل الوسائل الممكنة لتحقيق أهداف محددة" ويرتكز هذا التعريف على النقاط التالية:

1. كونه عملية ذهنية لا بد إن تستفيد من معارف الإنساني وخبراته للوصول إلى قرارات لأداء العمل الإنساني في ضوئها.
2. تتركز عملية حول المستقبل واحتمالاته وإمكاناته وترتبط بالماضي ومشاكل الحاضر والقدرة على التنبؤ بالمستقبل والتقليل قدر المستطاع وغموضه واحتمالاته.
3. التخطيط عملية تعتمد على إمكانات العمل والتنفيذ حيث لا جدوى من تخطيط تنقصه الإمكانات.
4. يقوم التخطيط على إمكانية لاختيار بين طرق متعددة لتحقيق الهدف ولولا وجود هذه الطرق والبدائل لما كان التخطيط ممكنا أو مقبولا.

ثانياً: الحاجة للتخطيط:

تبرز الحاجة للتخطيط في الدول المختلفة المتقدمة والنامية على السواء من اجل تحقيق تغير سريع أو قفزة اقتصادية معينة أو لمقابلة فترات حرجة أو أزمات طارئة، وتبرز الحاجة إليه على كافة المستويات القومية والإقليمية والمحلية والتنظيمية، وفي كل الأوقات سواء أوقات الحرب أو أوقات السلم للأسباب التالية:

1. نحتاج للتخطيط في المراحل الأولية للتطوير الاقتصادي والتنمية وخاصة لتطور العناصر الأساسية للإنتاجية أو المراحل الأولى ووضع البينة الهيكلية والمقومات الأساسية للاقتصاد مثل خطوط المواصلات وأنظمة التعليم والصحة، وتعتبر حاجة الدول النامية لهذه الأمور أكثر من حاجة الدول المتقدمة إليها، إذ إن لديها الإمكانات التي لم تكن متاحة للدول المتقدمة في بداية تطورها.

2. كان للنقص في رؤوس الأموال والحاجة للمساعدة الأجنبية عاملا أساسيا في بلورة الحاجة للتخطيط، حيث اشترطت الدول المتقدمة ضرورة وضع خطط اقتصادية واجتماعية من قبل الدول النامية لتؤهلها للحصول على المساعدات الأجنبية، لذا كانت الحاجة للتخطيط وليدة الحاجة للحصول على الموارد الأجنبية أكثر منها لاستغلال هذه الموارد واستخدامها في بعض الدول.

3. ونحتاج للتخطيط أيضا لتحقيق العدالة الاجتماعية ورفع مستويات المعيشة ولإغلاق الفجوة بين الأغنياء والفقراء.

4. تقتضي متطلبات الاستقلال السياسي تحقيق الاستقلال الاقتصادي والذي لن يتوفر إلا عن طريق التخطيط لاستغلال الموارد البشرية والمادية.

5. إن ثورة الآمال الصاعدة في الدول النامية والرغبة لدى هذه الدول لتقليد الدول المتقدمة في مستويات معيشتها وتحقيق التقدم الاقتصادي جعل التخطيط ضرورة.

6. أدت النجاحات التي حققتها بعض الدول المتقدمة خاصة الاشتراكية منها والتي حققت مستويات عالية من المعيشة وزيادات في الدخل القومي إلى أقناع المخططين والمفكرين في الدول النامية بتقليد منهاجيه هذه الدول واعتماد التخطيط أسلوبا ومنهجا للتطور الاقتصادي.

7. وتحتاج الدول للتخطيط لمساعدتها في حل المشكلات الاقتصادية والاجتماعية مثل التخطيط لخفض الزيادة السكانية والتخطيط للتعليم وتنمية القوى البشرية والتخطيط لتوزيع الدخول والتخطيط للمدن المزدحمة ولمواجهة البطالة والتضخم والتخطيط لمواجهة أعباء الحرب والسلم على سواء.

8. وتأتي الحاجة للتخطيط لمقابلة التقصير الذي يبديه القطاع الخاص من مقابلة الاحتياجات وتوجيه الاقتصاد الوجهة السليمة التي تحقق رفاهية الفرد وتزيل الفقر وتوفر فرص العمالة وتوجيه الموارد نحو الاستثمار المنتج.

إن تطور التخطيط والحاجة إليه قطعا الجدل القائل بضرورة التخطيط فالسؤال الذي يجب طرحه هو ليس التخطيط أو عدمه ولكن كيف نخطط؟؟

وعندما تطبق الخطة تصبح سياسة (سياسة عملية) وقد تستند السياسات إلى التخطيط أو قد لا تستند إليه.

ويفيد لندبلوم بأن السياسات تسبق التخطيط أو هي في مرتبة أعلى من التخطيط، وفي أي ظرف، فما إن يستخدم ضمن نظام السوق الحر أو إن يكون نقيضا له وإما إن يساعد على الحرية الفردية أو يقلل من هذه الحرية.

والأسئلة التي ينبغي مناقشتها يمكن حصرها فيما يلي:

• إلى أي الأهداف يتوجه التخطيط؟

• كم نحتاج من التخطيط؟

• ما هي أنواع الخطط التي نحتاج إليها؟

- ما هي الوسائل المستخدمة لتنفيذ الخطة؟
- من الذي يخطط؟

ثالثاً: أهداف التخطيط ومنافعه وفوائده:

إضافة إلى الحاجات التي تلبي عملية التخطيط فأنه يحقق مجموعة من الأهداف كما يلي:

1. إتباع الطريقة العملية والمنطقية لحل المشكلات واتخاذ القرارات عن طريق تحديد أهداف واضحة.
2. تحديد النتائج المتوقع الوصول إليها.
3. يساعد على تحقيق رضا العاملين وزيادة الإنتاج من خلال إحساس العاملين بأن ما يقدمونه من مهام يمثل جزءاً من خطة اشمل من شأنها إن تضاعف من الإنتاج والعوائد.
4. يحدد مراحل العمل التي تؤدي إلى تحقيق الهدف.
5. يساعد على توفير الإمكانيات والوسائل الضرورية لتنفيذ العمل (يستعمل التخطيط كوسيلة للحصول على المساعدات الخارجية).
6. يسهل التخطيط الرقابة والالتزام بالتنفيذ بوضعه معايير محددة يسهل الرجوع إليها.
7. يؤدي إلى الاطمئنان النفسي.
8. يسارع في عملية التنمية ويوفر الموارد ويحسن استغلالها بفعالية.
9. يوفر التناسق والانسجام بين نشاطات الأجهزة الإدارية المختلفة ويساعد في تحديد المسؤولية.
10. يقرر شكل التنظيم المناسب.

هذه هي أهداف التخطيط على المستوى القومي، أما التخطيط على مستوى المنشآت فيهدف إلى تحقيق ما يلي:

1. تقدير الحوادث الجارية في المنشأة وقياس نتائجها مع مقارنتها بما كانت تتوقعه الإدارة وترجوه.
2. اتخاذ القرارات المتعلقة بمنهج الأعمال وبخططها بغية تحقيق النتائج المطلوبة.
3. إجراء مختلف التعديلات أو التغييرات الخاصة بأهداف المنشأة أو بسياسات العمل بها.
4. يساعد المنشأة على البقاء في ميدان التنافس والمنشآت الأخرى المماثلة التي تزاول نفس النشاط وذلك بإضافة سلع أو منتجات جديدة أو إدخال تغييرات في طرق العمل.
5. يساعد على التنبؤ بأذواق المستهلكين ورغباتهم الجديدة.
6. يساعد على مواجهة الضغوط الاقتصادية التي تتعرض لها المشروعات أو التخفيف من أثارها.

أنواع التخطيط:

يمكن تصنيف التخطيط وفقا لعدد من الأسس أهمها:

1. التخطيط وفقا لفترة سريان الخطية.
2. المستوى الذي تطبق فيه الخطة.
3. قطاع الإنتاج أو النشاط الذي تنفذ فيه الخطة.

أما التخطيط وفقاً للأساس الأول فينقسم إلى ثلاثة أقسام:

1. **التخطيط طويل المدى:**

وفيه توضع الخطط لمدد تتراوح بين خمس سنوات وخمس وعشرين سنة، وفي معظم الحالات توضع الخطط بين خمس سنوات وعشر سنوات على ابعد حد، وقد نجحت بعض الدول الاشتراكية في وضع خطط لمدة عقدين من الزمان.

2. التخطيط مستوى المدى:

يغطي فترة تتراوح بين ثلاث سنوات وخمس سنوات وقد تبنت معظم الدول النامية خططا لمدة خمس سنوات.

3. التخطيط قصير المدى:

وهي الخطط الموضوعة لفترة لا تزيد عن سنتين، وفي معظم الحالات توضع الخطط لمدة سنة واحدة، وتكون هذه الخطط عادة حلقة وصل بين الخطط المتوسطة المدى والموازنة السنوية للدول.

وتعتمد فترة الخطة طولا أو قصرا على الهدف الموضوعة له (كالتخطيط للمواصلات أو للتعليم أو للتطوير الإداري الخ...) أو حسب رغبة الجهات صاحبة المصلحة (السلطة) في تحديد موضوع الخطة ونطاقها.

أما التقسيم وفقا للنوع الثاني (المستوى) فيشمل أربع مستويات هي كالأتي:

1. التخطيط الإقليمي:

ويتم على مستوى بعض الأقاليم ووفقا للتقسيمات الإقليمية والجغرافية للدولة.

2. التخطيط المحلي:

وتوضع الخطط بموجبه للمحليات كالمجالس البلدية أو القروية في الأقاليم وقد تقوم السلطة المركزية بوضع خطة شاملة للمحليات.

3. **التخطيط البرامجي:**

ويتم فيه وضع الخطط على مستوى البرامج (المشروع) والمشروع قد يكون مصنعا أو معمل تكرير أو سكة حديد أو مطار الخ... وتكون الخطة محصورة في المشروع ذاته لتحقيق أهدافه.

أما النوع الثالث وهو التخطيط حسب ميدان النشاط أو الإنتاج فينقسم إلى :

1. التخطيط القطاعي: كالتخطيط لقطاع الزراعة وقطاع الصناعة وقطاع الخدمات وقطاع التجارة.
2. التخطيط الكلي: وهو الذي يتم على مستوى المجتمع ويشمل كافة القطاعات السابقة.

وهناك التخطيط على مستوى المنشآت:

ويتم فيه وضع خطط لوظائفها المختلفة كخطة للمبيعات وخطة للإنتاج وخطة للطاقة البشرية وخطة للتسويق الخ.....

رابعاً: عملية التخطيط:

تتضمن عملية التخطيط مواجهة بين حقيقتين:

1. **الحقيقة المعيارية:**

كيف يجب إن ينظم الاقتصاد، وهذا يتطلب حكم القيم من الزوايا الاقتصادية والسياسية والخلقية.

2. **الحقيقة الفعلية:**

كيف يتصرف الاقتصاد أو ما هي الممارسات التي تتم في الاقتصاد القومي وكيف يجري تنظيمه حاليا، ولمعرفة فهو يتطلب المنطق والحقيقة.

والسؤال الملح الذي يواجهه المخططون هو كيف نعمل على إغلاق الفجوة بين الحقيقة المعيارية والحقيقة الفعلية (القائمة).

أي إن نفترض الحقيقة المعيارية كفرض (معطاه) ونحقق الحقيقة الفعلية أو نرفع منها إلى مرتبة الحقيقة المعيارية.

أو نأخذ الحقيقة الفعلية كفرض ثم نعدل من الحقيقة المعيارية لتلاءم الحقيقة العلية.

ويمكن التدليل على ذلك بمثل من التخطيط على المستوى القومي، فإذا كانت متطلبات التطور الاقتصادي تقتضي تحقيق زيادة في الدخل بمعدل 10% (الحقيقة المعيارية) فأنه لا بد من الانطلاق مما هو قائم أو من المعطيات والإمكانات المتوفرة (الحقيقة الفعلية)، وان خلق التوازن بين الحقيقتين هو الذي يحدد مدى نجاح التخطيط أو فشله، وتتراوح تجارب الدول في التخطيط بين المحافظة على الحقيقة الفعلية والارتباط بها أو محاولة الوصول إلى الحقيقة المعيارية الأمر الذي يتطلب استغلالا اكبر للموارد والإمكانات المتاحة وغير المتاحة.

ويمكن تلخيص عملية التخطيط في ثلاثة خطوات رئيسية:

1. تحديد الأهداف والأهداف الجزئية.
2. تحليل الموقف الحالي والبدائل من اجل التقرير بين الحقيقة الفعلية والحقيقة المعيارية.
3. اختيار وتنفيذ برامج العمل تحت إشراف الرقابة الاجتماعية.

وهناك خمسة أهداف للتخطيط على المستوى القومي يجري التأكيد عليها:

1. التخصيص الفعال للموارد.
2. توزيع الدخل توزيعا متساويا.

3. تحقيق استقرار الأسعار في مستوى عال من التشغيل والدخل.
4. النمو الاقتصادي.
5. الحرية السياسية والاقتصادية والديمقراطية.

وبالرغم من منطقية هذه الخطوات وعمليتها إلا إنها تخضع للجدل القائم بين دعاة التخطيط ومعارضي التخطيط يتمثل فيما يلي:

أ. إن الأهداف غالباً ما تكون متعددة وليست واحدة وهي دائما في تصارع بينها، فهدف إزالة الفقر مثلا يتعارض مع معدلات عالية من النمو، إذ قد تضطر الدولة للاستثمار في مشاريع لا تحقق عائدا سوى في المدى الطويل الأمر الذي يجعل من هدف إزالة الفقر أمرا مؤجلا.

وتوزيع الدخل يتعارض مع النمو الاقتصادي، وقد يضطر المخططون لتوفير الحوافز للفئات الرأسمالية في المجتمع على أمل إن يقوموا باستثمار أموالهم في مشاريع تحقق عوائد في المدى الطويل، واستقرار الأسعار يتعارض مع النمو بمعدلات عالية.

ب. إن الأهداف غالبا ما تكون غامضة وغير دقيقة وليست سهلة أو محددة.

مثلاً: التوزيع المتساوي (المتكافئ) للدخول:

من الذي يقرر التوزيع العادل، "وعادل" من وجهة نظر من؟؟

ج. بعض الأهداف نوعية وليست كمية، (فالحرية) كيف نقيسها وكذلك الإنعاش ؟كيف نقيسه؟

والعمالة الكاملة - ما هي نسبة البطالة في العمالة الكاملة؟

د. الاختيارات تم بصورة هامشية (النمو والاستقرار).

٥. إنه من الصعب فصل الأهداف المراد تحقيقها عن الوسائل فقد يكون الهدف لشخص ما وسيلة لشخص آخر، أو إن الأهداف للحاضر قد تكون وسائل للمستقبل، ومن الذي سيقرر أولوية الأهداف وأهميتها؟

أما بخصوص البدائل التي يجب استعراضها لتحقيق الأهداف، فهناك بعض الجدل حولها:

1. الأهداف لا تخض للتحليل العلمي الموضوعي.
2. هناك أكثر من جانب لتقرير السياسات البديلة مثل الجوانب السياسية والاجتماعية والإدارية، والمعرفة اللازمة لهذه الجوانب تفوق التحليل العلمي.

إن تحليل الظروف الاقتصادية والبرامج الاقتصادية لا تساعد على زيادة مدى الخيال (الرؤيا) ولا الإرادة والقدرة ولا التنظيم اللازم لاختيار وتنفيذ خطة معينة.

إن تنفيذ خطة ما يتطلب أكثر من عمليات حسابية: انه يتطلب البعد البشري.

وبالرغم من هذا النقد الموجه لدعاة التخطيط إلا انه من الواضح أننا نستطيع تحديد الأهداف إذا عرفنا ما هو الهدف والهدف هو بيان بالنتيجة المطلوب تحقيقها في تاريخ معين، أي إن بيانا بالنتيجة المطلوب تحقيقها بدون تحديد تاريخ معين هو بيان جيد ولكنه ليس هدفاً.

فمثلاً يعتبر تخفيض عدد حوادث السير إلى 75% من العدد الحالي في أقرب وقت ليس هدفا لأنه لا يحدد تاريخا معينا، وكذلك القول إن تشغيل الماكنات إلى أقصى طاقة بنهاية شهر حزيران ليس هدفا لأنه لا يتضمن مقياسا للنتيجة المطلوب تحقيقها، أما القول بأن زيادة عدد الهواتف التي تركب في الأسبوع من

المعدل الحالي وهو خمسين هاتفا إلى (100) هاتف في موعد أقصاه 31 تموز الحالي يعتبر هدفا.

خامساً: الأسس التي يبنى عليها التخطيط:

إن نجاح التخطيط يعتمد على مدى فهم البيئة بأبعادها السياسية والاجتماعية والاقتصادية والثقافية السائدة وقدرته على التفاعل معها على أساس أنها الأرضية الموضوعية لأي نشاط.

ولذا فإن الإقرار بهذا المنطق يترتب عليه ما يلي:

1. دراسة الأوضاع السياسية ومعرفة مجرى السياسة العامة ومدى استقرارها واستمراريتها.
2. دراسة الأوضاع الاقتصادية ومشاكلها وتحديد اتجاهاتها واحتمالاتها وتداخلاتها وتفاعلاتها مع الأوضاع الاقتصادية القومية والعالمية.
3. معرفة ودارية بالأوضاع الاجتماعية والتركيب الاجتماعي للمجتمع وكذلك مراكز القوى والعادات والقيم والتقاليد السائدة ومدى الاستعداد لتقبل التغير والمشاركة في إنجاحه كذلك أهمية دراسة السكان وتجمعاتهم.
4. الإلمام الكافي بكافة المعلومات والحقائق عن هذه الظروف مجتمعة.

سادساً: وضع الخطة:

عند وضع الخطة لا بد من التنبه إلى مجموعة من الاعتبارات الهامة ومنها:

1. تحديد المبادئ والفلسفات والقيم التي توضع على أساسها الخطة.
2. تحديد الأهداف وتحديد الأولويات في ظل الظروف المتاحة أو الإمكانيات المادية والبشرية، وهناك وجهات نظر مختلفة حول الأولويات:

هل تحدد الأهداف بناء على الوارد المتاحة أم تحدد المشاكل أولاً ثم الأهداف ثم نحاول استغلال الوارد أو توفيرها؟.

إن الإجابة على هذين السؤالين من شأنه إن يؤدي إلى اختلاف منهاجية التخطيط، ولكل منهج منهما مزاياه وعيوبه، فالانطلاق مما هو قائم ينسجم والإمكانات المتاحة ويجعل التخطيط أسهل إلا انه لا يحقق المستوى المطلوب (الحقيقة المعيارية) بينما الانطلاق مما يجيب إن يكون من شأنه إن يكون حافزا للحصول على موارد إضافية ومحاولة استغلالها الاستغلال الأمثل، إلا إن من محاذيره إن عدم الوصول إليه من شأنه إن يخلق نوعا من الإحباط لدى المتأثرين بهذه الخطط.

3. ضرورة مرونة الأهداف، أي إن لا يعني التخطيط الجمود الكامل ولكن يجب إن تكون الأهداف مرنة تلاءم تطور العصر والظروف المتغيرة.

4. تحديد السياسات التي ترتكز على الأهداف العامة وتوضيحها للمشاركين وللجمهور وشمولية هذه السياسات لكل القطاعات.

5. تحويل وترجمة السياسيات إلى برامج ومشروعات تحدد في ضوء الموارد المتاحة وفي حدود إمكانيات التنفيذ ووضع خطة زمنية للتنفيذ.

6. التنسيق بين برامج ومشروعات القطاعات المختلفة.

7. توفير الموارد المالية والبشرية للتنفيذ – دور الميزانية.

8. إقامة الأجهزة الإدارية الصالحة – وحدات للتخطيط – لتقوم بالإعداد والإشراف والمتابعة.

9. المشاركة في عملية التخطيط من كافة القطاعات.

طريقة وضع الخطة:

تلجأ المؤسسات (الوزارات أو المنشآت) إلى عدة أساليب عند وضع خططها ولكل أسلوب ميزاته وعيوبه، ومن هذه الأساليب:

1. الأسلوب العفوي المفتوح:

إذ تقدم المؤسسات مشاريعها بشكل مفتوح دون التقيد بمحددات وسياسات معينة، هذا إذا كانت الموارد متاحة ولا يلزم تحديدا للمواصفات، ثم يأتي الاختيار من السلطة المركزية دون استشارة الوحدات المنفذة، ويؤخذ على هذه الطريقة:

1. لا تصلح للاقتصاديات المختلفة التي تفتقر للموارد.
2. تحدد المشروعات مسبق للأهداف العامة والسياسات العامة.
3. حدوث التداخل وتكرارية المشروعات.
4. زيادة التكلفة وضياع الجهد في التحضير لهذه المشروعات.

2. الخطة المحدد تمويلها مسبقاً:

إذ تقوم السلطة المركزية بتخصيص اعتمادات مالية تطلب للمؤسسات إن تعد خططها وفقا لهذه الاعتمادات وتنطلق في أسلوبها من ندرة الموارد، وبالرغم من أنها تنسجم وقلة الموارد إلا أنها تحد من طموحات الوحدات المنفذة ويكون التخطيط من خلالها مبتورا والمشاريع غير مكتملة.

3. الخطط البديلة:

ويطلب إلى الوحدات المنفذة اقتراح أكثر من مشروع أو أكثر من خطة لتلبية احتياجاتها وتمتاز هذه الطريقة بأنها تزيد من قدرة هذه الوحدات على تحديد أولوياتها، وبالتالي تسهيل عملية الاختيار إمام السلطة المركزية، وتتيح المجال للمنفذين للتفكير في أسلوب البدائل الذي يتناسب مع الأولويات، وهي أكثر كفاية وفعالية من الطريقتين السابقتين.

الأسلوب الترشيدي لوضع الخطط:

يمكن وضع الخطط وفق الأسلوب العلمي ذي التسلسل المنطقي على النحو التالي:

1. تحديد المشاكل أو الحاجات المراد مواجهتها أو تلبيتها.
2. تحديد الأهداف والتي يجب إن تكون:
   أ. واضحة وغير متناقضة وعملية وواقعية.
   ب. إن تتفق مع قيم المجتمع حتى تقل مقاومتها.
   ج. سهلة القياس من اجل الرقابة والمراجعة والتنظيم.
   د. تتلاءم مع أهداف الافراد العاملين.
   ه. قد تكون الأهداف رئيسية أو فرعية.
3. النتائج المتوقعة:

لا بد من معرفة النتائج المراد الوصول إليها والنتائج هي أهداف جرى تحديدها بدقة.

4. تحديد البدائل والجود المطلوبة:
   أ. وضع بدائل ومقترحات ووسائل لتحقيق الأهداف.
   ب. جمع المعلومات عن كل بديل.
   ج. جمع الحقائق المعلقة بهذه الأهداف والوسائل وتحليلها وتمحيصها.
5. معرفة النتائج المتوقعة لكل بديل والمنافع المتوقعة وتحديد قيمتها.
6. معرفة تكاليف كل بديل.
7. مقارنة المنافع بالتكاليف.
8. وضع الخطة النهائية عن طريق اختيار البديل الأفضل وذلك بنسبة المنافع إلى التكاليف، وتتضمن الخطة النهائية الأهداف والعناصر البشرية والمادية ومستلزمات الخطة وسياسات العمل والمراحل الزمنية للتنفيذ.

الحقائق اللازمة للإعداد للخطة:

إن إعداد الخطط يتطلب مجموعة من البيانات والحقائق لا بد من توافرها للمخططين وهذه تتمثل في:

1. الوضع القانوني والرسمي للمؤسسة أو مشاريعها المنوي تنفيذها.
2. الوضع المالي والموارد المتاحة.
3. إحصائيات عن البيئة واحتياجاتها واتجاهاتها.
4. التجربة الماضية والمشاريع والبرامج المنفذة أو قيد التنفيذ.
5. القوى البشرية ومستوى كفاءتها وقدراتها.
6. تقييم الخطط السابقة وجوانب النجاح والفشل؟
7. أساليب التنفيذ المتبعة ومقارنتها بالأساليب الأخرى.

هذا وتعاني مؤسسات البلدان النامية من مجموعة من المشاكل المتعلقة بالحقائق والبيانات كما يلي:

1. تعاني نقصا من هذه المعلومات وهذا ينعكس على خططها.
2. عدم الدقة في جمع المعلومات المتاحة مما يجعل التخطيط ناقصا بل وسلبيا، إذ تكون النتائج عكس الأهداف المرجوة ولا تطابق هذه المعلومات الواقع الفعلي.
3. عدم الإلمام بمعرفة نوعية المعلومات المطلوبة للتخطيط وكذلك ضعف تنسيق وتحليل هذه المعلومات وأساليب استغلالها لتحقيق الفائدة المرجوة إذ قد لا تنجح بعض المقومات في جميع البيئات.

والتركيز على نوعية المعلومات يجب إن يرافق التركيز على كميتها، فمعرفة مستوى التدريب والاستعداد للعمل ومدى التأثير بالضغوط الاجتماعية ومعرفة المعلومات الاجتماعية تعتبر هامة بقدر الأرقام التي تعطي عن النشاطات الاقتصادية الصرفة.

سابعاً: مراحل التخطيط:

تمر عملية التخطيط بأربع مراحل رئيسية هي الإعداد والإقرار والتنفيذ والمتابعة.

1. **الإعداد:**

قبل إعداد الخطط من الواجب جمع المعلومات والبيانات الإحصائية عن مختلف النواحي والعوامل الاقتصادية والاجتماعية وعدد السكان والدخل القومي أو المعلومات والبيانات عن القطاعات الاقتصادية المختلفة، ومن الضروري عند تجميع هذه المعلومات العامة إن نعرف الأهداف التي ستستخدمها هذه المعلومات هذا بالإضافة إلى إشراك المؤسسات أو الوحدات المختصة بجمع هذه المعلومات حتى تكون على بينة بما يجري، كذلك فإن مشاركة هذه المؤسسات والوحدات أمر له اهمتيه في وضع الخطط.

وإذا تحددت الأهداف وجمعت المعلومات اللازمة للبدائل واستطعنا تقييم البدائل بمعرفة الإنتاجية أو العائد المتوقع ثم تكلفة كل بديل نستطيع إن نختار البديل الأمثل وترجمة ذلك على شكل مشاريع وبرامج معينة في القطاعات المختلفة، وتشتمل هذه البرامج وهي حلقة الوصل بين الواقع المراد تغييره وبين الهدف المتوقع تحقيقه على خطوط وخطوات واضحة ومحددة لتحقيق الأهداف ونستطيع إن نحدد السياسات قبل تحديد البرامج.

والسياسات هي الخطوط العريضة لأداء العمل، وهي تساعد في اتخاذ قرارات سريعة في مواقف تتطلب معالجة عاجلة، فبدلا من معالجة كل قضية بمعزل عن الأخرى يجري وضع سياسة محددة ومعالجة المشاكل بموجبها، فتكون هناك سياسات في التوظيف، وسياسات في الترفيع وسياسات في الإنتاج والإعلان والضرائب الخ... وتساعد هذه السياسات في منع التضارب والتناقص في الأداء وتوفير الجهد والوقت اللازم وتساعد في تقليل الأخطاء ودقة الانجاز.

أما المشاريع والبرامج فهي ضرورية للتخطيط المرحلي، فالخطة طويلة الأجل في حاجة إلى خطة قصيرة الأجل عن طريق ترجمة الأهداف الجزئية إلى مشاريع وبرامج يسهل تحديدها وتوزيع المخصصات فيما بينها، وهنا يأتي الارتباط بين التخطيط والميزانية، فالخطة تشتمل على عدة برامج وهذه البرامج لها مواصفات محددة يسهل تخصيص الأموال لها من اجل تنفيذها وقبل إن يجري صرف المخصصات تبقى هذه البرامج نظرية، ومن فوائد البرامج:

1. أنها خطوة تنفيذية واضحة تطبق في فترة زمنية محددة.
2. تساعد عملية التخطيط وتجنب الارتجال والتخبط وتوفر التنسيق بين المشاريع الممكنة.
3. ضرورية لتوزيع العمل وتحديد المخصصات وتبيان مسار المسؤولية.

ويعتبر تحديد البرامج والمشاريع بعد استعراض الحلول والبرامج البديلة وسيلة لتخفيف المركزية الشديدة في وضع الخطط وتحديد أوجه النشاطات، كذلك يساعد وضع البرامج الجهات الإدارية العالي على اتخاذ القرارات السليمة دون التمسك ببديل واحد وخاصة إذا وضعت هذه البرامج من قبل جهات لا تملك صلاحية التنفيذ.

2. الإقرار:

إن قرار الخطة القومية يختلف من بلد لآخر، ففي بعض الأقطار تقر الخطة من قبل السلطة التشريعية وبعضها تقرها رئاسة الوزراء، ومن الواجب قبل عملية الإقرار إن تحدد الأولويات وتصنف المشاريع حسب الأهداف والبدائل وان تتناسب الخطة والأهداف الاجتماعية والاقتصادية والسياسية في البلد المعين.

3. التنفيــذ:

ترتبط عملية الخطة بعملية الميزانية والتمويل، إذا قبل إن توضع المشاريع والبرامج موضع التنفيذ يجب إن تحول من خطة طويلة الأمد إلى خطة قصيرة الأمد متمثلة في موازنة الدولة التي تعهد إلى كل وزارة ودائرة لتنفيذ مشاريعها طبقا للمخصصات الموضوعة، وعادة ما تحاول الميزانية تقلص المخصصات المقررة الأمر الذي يشكل انعكاسات سيئة على برامج ومشاريع التخطيط، ولذلك فإن التعاون البناء بين الميزانية والخطة أمر في غاية الحيوية.

كما إن للمشاركة - مشاركة الموظفين في إعداد الخطة الأثر الكبير على سهولة تنفيذها.

4. متابعة وتقييم عملية التنفيذ:

إن المتابعة والتقييم يجب إن تكون بالاشتراك مع الجهات المنفذة وإدارة الميزانية بالإضافة لدائرة التخطيط المركزية، إذ إن قصر التقييم والمتابعة على جهاز واحد من شأنه إن يجعل عملية التقييم غير متكافئة، فواضع الخطط لا يستطيع الإلمام الكامل بجميع جواب التطبيق والتنفيذ، إضافة إلى إن الاهتمام بالتنفيذ والمتابعة من شأنه إن يبعثر المجهودات المسخرة للتخطيط، إلا إن مساعدة الأجهزة الأخرى من شأنها إن تعدد مناحي التقييم وبالتالي تساعد على رؤية بعض الجوانب التي لا يعيها واضع الخطة إلى جانب البعد عن المركزية الشديدة في حالة التخطيط والمتابعة والتقييم، وتفيد المتابعة في تعديل الخطة واكتشاف النواحي النقص ومعوقات تنفيذها.

مسؤولية التخطيط:

لا تنحصر مسئولية التخطيط بالمستويات العليا ولكنها تشمل كافة المستويات المتوسطة والدنيا، ومع إن جهاز التخطيط جهاز استشاري وليس تنفيذي

إلا إن التخطيط السليم يجب إن لا يكون له طابع المركزية الشديدة، فإشراك المستويات الدنيا بإعطاء المعلومات والمشاركة وتقديم المقترحات والتوصيات ومحاولة تقييم التنفيذ كلها مسائل هامة يجب عدم إغفالها أثناء وضع الخطط.

وينبغي إن تتوفر في المخططين أو واضعي الخطط مجموعة من الشروط يمكن تلخيصها فيما يلي:

1. توخي المصلحة العامة ومصلحة المجتمع والمصالح العام فوق أي اعتبار إقليمي أو تفضيل قطاع على غيره لسبب أو لآخر.
2. مقدرتهم على اكتشاف الطرق والبدائل بأقل تضحية ممكنة من شأنها إن تؤدي إلى تحقيق الفاعلية بدرجة قصوى.
3. الواقعية، أي إن تكون الأهداف الموضوعة تتناسب والإمكانيات والموارد المتاحة دون محاولة اللجوء إلى المبالغة في القدرة وإظهار جهاز التخطيط والمؤسسة بأنها قادرة وإظهار جهاز التخطيط والمؤسسة بنها قادرة على تحقيق المعجزات وما لذلك من خطورته إذا ثبت عكس تلك التوقعات.
4. القدرة على الحصول على المعلومات والبيانات الإحصائية اللازمة لإعداد الخطة بحيث تشمل مختلف النواحي الاقتصادية والاجتماعية وكذلك القدرة على ربط تلك المعلومات وتحليلها وينبغي توفر الخبرة العملية والفنية في تجميع تلك المعلومات لتقديم مقترحات بناءة لإقرار الخطة دون إن تكون المقترحات ملزمة، كذلك يجب عدم الاكتفاء بالمؤهلات والمعلومات الذاتية بقدر محاولة الاستعانة بأية مؤسسة أو دائرة أو جهة تستطيع إن تساعد في تزويد جهاز التخطيط بتلك المعلومات.
5. يجب تطعيم جهاز المخططين بمجموعة من الإداريين، فالتخطيط لا يقتصر على الناحية الفنية إذ إن الخبرة العملية والجوانب التنظيمية والإدارية تعلب دورا هاما في نجاح التخطيط وتنفيذ البرامج والمشاريع، والتخطيط لا يعني الإعداد فقط ولكنه يتضمن التنفيذ والتقييم وإدارة المؤسسات التي تشرف على هذه المراحل من عملية التخطيط، وبالتالي فإن إلمام المخططين بالنواحي الأخرى التنظيمية والإدارية أمر ضروري.

تاسعاً: مزايا وعيوب التخطيط في المؤسسات العامة في الدول النامية:

1. غياب التخطيط أو انعدامه.
2. الاهتمام بالتفاصيل وعدم تفويض السلطة.
3. التخطيط عملية ملزمة ويتضمن التقييم الأمر الذي يرفضه المديرون لاعتقادهم بأن التخطيط من مسؤولية جهاز التخطيط فقط.
4. عدم الاستقرار السياسي والاجتماعي يجعل من الخطط وثائق غير قابلة للتنفيذ.
5. قد يتعارض التخطيط مع قيم المجتمع السائدة.
6. عدم دقة التخطيط وعدم إمكانية تحديد مراكز محددة أو نقاط ثابتة أو منافع مباشرة.
7. غياب الحافز للتخطيط وذلك لأن نتائجه قد لا تتحقق في المدى القصير وبالتالي فإن منافعه غير ملموسة.
8. التغير السريع بحيث تصبح الخطط قديمة حال تنفيذها.
9. عدم تنفيذ الخطط الموضوعة لأسباب فنية وإدارية.
10. نقص الشمول في التخطيط.

وتشمل هنا يعني النظرة للتخطيط كنظام متكامل، أي إن يجري التخطيط مع مراعاة الظروف البيئة والعوامل الاجتماعية والسياسية والثقافية والحضارية التي تمر فيها مراحل التخطيط المختلفة، والشمولية أيضا لا تعني التخطيط الكامل في كافة القطاعات بقدر ما تعني دراسة جميع العوامل المحيطة بإعداد الخطة، كتحديد الأهداف في إطار السياسة العامة، وتحديد البدائل دون إهمال التكلفة والإمكانيات المتاحة.

11. نقص في المعايير والمقاييس.

إن المعايير ضرورية لإغراض الرقابة والتقييم، وقد تكون الأهداف هي المعايير المطلوبة، إن تحديد الإنتاج ورسم السياسات ووضع المقاييس اللازمة كلها معايير لا تتوفر في أجهز التخطيط في البلدان النامية إذ غالبا ما يتم التنفيذ دون رقابة أو تقييم.

12. ضعف المتابعة.

ويعود ذلك للعلاقة الضعيفة بين جهاز الخطة والأجهزة التنفيذية وعدم وضوح دور الجهاز التخطيطي وتنفيذ الخطة لدى الإدارة العليا، ويؤدي إهمال المتابعة إلى التكاسل والتأخير.

13. ضعف التنسيق بين التخطيط والميزانية.
14. الازدواجية وتعدد المؤسسات المسؤولة عن التخطيط.
15. نقص المعلومات أو عدم دقتها - المحاسبة غير الكفوءة والإحصاء.
16. ضعف الجهاز الإداري: يؤدي إلى زيادة التكلفة وضعف الانجاز.
17. الإجراءات المعقدة.
18. غياب التنظيم الكفؤ: وضعف تقسيم العمل وتوزيعه وتحديد العلاقات التنظيمية.

التخطيط ومبادئ الحرية والديمقراطية:

هناك سؤال يثير الجدل في الدول المتقدمة وهو فيما إذا كان التخطيط يرتبط بالمركزية والتسلط والدكتاتورية وانه يقيد حرية الافراد ولا يتيح المجال لقوى العرض والطلب والمنافسة الحرة لتفعل فعلها.

إن التخطيط يجب إن لا يتعارض ولا يتناقض مع مبدأ الحرية والديمقراطية والعدالة والمساواة فهو اقدر على تحقيق حرية للأفراد وعدالة ومساواة من نظام الدين الحر بما جره الأخير من مساوئ وكوارث اقتصادية واجتماعية على الدول المتقدمة، واكبر دليل على ذلك هو هذا التحول التدريجي نحو التخطيط حتى في الدول التي تنادي باقتصاديات النظام الحر ونجد إن عملية التخطيط تطورت مع تطور تدخل الدولة، إذ أصبحت دولة الرفاهية والرخاء هي الدولة التي تؤمين بمركزية التخطيط الاقتصادي لدرء الأزمات الاقتصادية ولمواجهة الحروب المستمرة وكذلك لتوجيه القطاع الخاص بما فيه فائدة الجميع.

وينعكس التخطيط على السياسة المالية والنقدية خاصة بعد تناقص كفاءة نظرية كينز في الاستثمار والاستخدام، وأصبحت ندرة الموارد وتوجيه الاقتصاد الوجهة السليمة وكذلك التركيز على النوع بدل الكم حوافز لمزيد من التخطيط وأصبح النظامان الاشتراكي والرأسمالي يلتقيان في عملية التخطيط.

أما في الدول النامية فالحال يختلف، إذ إن هذه الدول تعاني من ندرة الموارد الاقتصادية والمالية والحاجات السكانية المتزايدة، ولذلك فهي في حاجة لتحديد الأولويات ووضع البدائل والحلول التي تؤدي إلى التنمية بأسرع وقت وبأقل جهد وتكاليف، فالحاجة للتخطيط إذن في الدول النامية أكثر من حاجات الدول المتقدمة إليه، على إن تراعي في عمليه التخطيط العوامل الاجتماعية والسياسية وقيم المجتمع وان يتجنب استيراد النماذج والنظريات من الخارج بل يعمد إلى تطوير تلك النماذج التي تلاءم البيئة ذاتها.

عاشراَ: بعض المتطلبات الأساسية للخطة والمخططين:

1. توفر البيانات والمعلومات بنوعية معينة لبناء الخطة وهذا يتطلب وجود أجهزة متخصصة لجمع هذه البيانات وتحليلها وضمان تدفقها المستمرة لجهاز التخطيط المركزي الذي يحولها بدوره إلى قرارات، ولابد من توفر الدقة في هذه المعلومات حتى تتخذ القرارات بفعالية كاملة.
2. توفر جهاز تخطيطي قادر على اتخاذ القرارات التخطيطية وحتى يتحقق ذلك:

أ. لابد إن يكون لقراراته الطابع النهائي والإلزامي، وهذا يقتضي إن يكون للهيئة العليا القدرة السياسية والإدارية على اتخاذ هذه القرارات وإلزام كافة الوحدات الإنتاجية التخطيطية حتى لا تتشعب الأمور ولا تناط المسؤولية بأكثر من جهاز، ولذا نجد انه في معظم الدول الأخذة بمبدأ التخطيط الشامل إن الجهاز المركزي مرتبط بأعلى سلطة سياسية وتنفيذية في الدولة.

ب. توفر الكادر الفني: توفر الكادر افني في الجهاز التخطيطي القدر على اتخاذ القرارات التخطيطية، أي إن تتضمن مجموعة من الخبراء والمتخصصين القادرين على وضع خطة متكاملة.

3. توفر الكادر الفني على مستوى الوحدات الإنتاجية على فهم احتياجات هذه الوحدات، وكذلك توفر الجهاز الإداري المنوطة به عملية التنفيذ إلى جانب توفر الكادر السياسي الكفؤ القادر على تعبئة كافة القوى والجهود في سبيل تنفيذ الخطة.

4. توفر القدرة على متابعة التنفيذ ويقتضي ذلك تكوين الأجهزة اللازمة لمتابعة التنفيذ دون عرقلته.

المبادئ الأساسية للتخطيط:

أولاً: الواقعية: واقعية الخطة:

طالما إن عملية التخطيط تهدف تغيير الواقع الاقتصادي والاجتماعي القائم واستبداله بواقع أفضل فتقضي الأمور وضع الخطة في إطار المعرفة الواقعية لصورة المجتمع والحقائق الاقتصادية القائمة فيه، وهناك جدل قائم حول إمكانية التخطيط في ظل الإمكانات والموارد المتاحة أو التخطيط من اجل تطوير هذه الإمكانات والبحث عن مصادر جديدة وموارد جديدة من اجل تلبية الاحتياجات المتزايدة، أي إن الجهاز المخطط يجب إن يتوفر لديه الإلمام الكافي للموازاة بين هذين المنهجين: أما إن تجري تحديد الأهداف ومن ثم البحث عن الموارد لتحقيقها، أو إن تؤخذ الموارد المتاحة بعين الاعتبار وتحدد الأهداف بناء عليها.

ثانياً: الشمول:

وتعني إمكانية سيطرة الخطة على كافة موارد المجتمع، فلا يقصرها على نشاط دون غيره أو متغير دون آخر، فنتيجة لتشابك وترابط جميع المتغيرات لا يصح إن يقتصر التخطيط على متغير دون غيره، وهناك خلاف أيضا حول إمكانية

التخطيط الشامل خاصة في الدول النامية حيث مصادر المعلومات غير متوفرة ودقة المعلومات ليست على درجة عالية كما إن استعمال هذه المعلومات لا يتصف بالفعالية والكفاءة وإذا كان التخطيط الشامل قد تعثر في الدول الأكثر تقدما فيجب عدم الأخذ به والدعوة إليه دون معرفة الإمكانات المتاحة التي تساعد على تحقيق هذا النوع من التخطيط، وقد يقصد بشمولية التخطيط ليس فقط تغطية جميع القطاعات والموارد في الدولة ولكن يمكن إن يكون هناك تخطيط جزئي في قطاع الصناعة مثلا أو الزراعة أو التخطيط على مستوى المؤسسات ويتصف بالشمول، فالشمول هنا يعني اخذ العوامل الأخرى بعين الاعتبار، فالتخطيط للقوى البشرية مثلا لا يعني إن يقتصر على خريجي المعاهد والجامعات لكن يجب إن يشمل القطاع الخاص والمؤسسات الخاصة ليس من ناحية مركزية التنفيذ وكلن من ناحية التنسيق والتعاون البناء أيضا.

ثالثاً: مركزية التخطيط ولا مركزية التنفيذ:

أو مبدأ المركزية الديمقراطية، ويعني هذا إن القرارات النهائية يجدب إن يتولاها جهاز مركزي للتخطيط ريثما يسمح الجهاز بمشاركة الوحدات الإنتاجية والتنفيذية عن طريق المعلومات والمقترحات والتوصيات ووضع وتحديد الأهداف وإيجاد البدائل، كما يمنحها حرية التنفيذ دون اللجوء إلى مركزية التنفيذ، أي إن الجهاز التخطيطي هو جهاز لوضع الخطة وإبرازها إلى حيز الوجود بينما التنفيذ هو مهمة أجهزة أخرى فنية وإدارية تتولى عملية التنفيذ وتشترك مع الجهاز التخطيطي في عملية التقييم والمراجعة وإعادة التخطيط أما موضوع المركزية واللامركزية في عملية التخطيط فيثار حلوها الجدل وهل المركزية متغيرة أو ثابتة.

ففي الحقيقة إن الحاجة للمركزية في بداية النمو الاقتصادي حاجة ماسة وذلك لقلة الخبرات الفنية والكوادر الإدارية والتنفيذية الأمر الذي يدعو إلى استغلال الإمكانات الفنية والخبرات المتاحة أحسن استغلال عن طريق المركزية

يجب إن يعاد النظر فيه إذ ان من الصعب اتخاذ القرارات مركزية وتنفيذها بسهولة.

ولذا فهناك جدل قائم في التخطيط الاقتصادي الاشتراكي حول الإطار التنظيمي الذي تتحقق فيه أكثر فعالية ممكنة للعملية التخطيطية وللقرار التخطيطي، فالإطار التنظيمي المركزي لا يتلاءم مع التطور في هذه المجتمعات التي تميز بالتنوع في تنظيماتها واقتصادها.

وتثير هذه القضية ماهية القرارات التي يجب إن تظل في حوزة السلطة المركزية وما هي القرارات التي يجب التنازل عنها للمستويات سواء في صياغة الخطة أو في تنفيذها ومتابعتها وهذا يختلف من بلد لأخر ومن نظام لآخر.

أما الدول النامية فيجب إن تعي الأخطاء والتعقيدات الناتجة عن المركزية الشديدة وتحاول بقدر الإمكان فتح المجال لمشاركة الوحدات التنظيمية والتنفيذية في عملية تحديد الأهداف واتخاذ القرارات ولا مركزية التنفيذ.

رابعاً: تناسق الخطة:

يجب إن يتحقق التناسق على مستوى الأهداف والبدائل أي بين الأهداف بعضها ببعض والوسائل، فقد يتناقض هدف تحقيق أعلى معدل للنمو مع هدف عدالة التوزيع أو مع هدف التشغيل الكامل، كذلك يجب إن يتحقق التناسق بين حجم الموارد المتاحة والاستخدامات المخططة لهذه الموارد، ويجب إن تتناسق الوسائل والأهداف مع الإمكانيات.

خامساً: مرونة الخطة:

أي إن تستجيب الخطة للظروف المتغيرة وتكون قابلة للتعديل لتساير الظروف الطارئة التي يواجهها أثناء تنفيذ الخطة، ولا يعني التخطيط الإلزام أو

الجمود، إذ إن معيار الخطة الناجحة هو مدى المرونة والقدرة على تغيير الوسائل والأهداف بما يتلاءم والظروف الجديدة، وقد يقتضي الأمر وجود خطة سنوية ضمن إطار الخطة العامة حيث تجري التعديلات على الأولى من خلال الثانية.

سادساً: الإلزام:

حتى يتحقق نجاح الخطة ونضمن تنفيذها يجب إن تكون ملزمة لجميع الوحدات الإنتاجية والتنفيذية وإلا بقيت حبرا على ورقة وضاع الجهد والوقت الذي استنفذ في تحضيرها وإعدادها، ومن اجل إن تكون ملزمة يقتضي مشاركة المنفذين الوحدات الإدارية في وضع الأهداف وتحديد المشاكل والبحث عن البدائل إذ إن أي قرار يتخذ من الصعب تنفيذه إلا باقتناع المنفذين بواقعيته وملاءمته للأهداف العامة.

سابعاً: الاستمرارية:

إن التخطيط لا يعني وضع الخطة وإخراجها إلى حيز الوجود، فبعد إعدادها تدخل مرحلة التنفيذ ثم المتابعة، ولا تقف عند هذا الحد فالتخطيط يرتبط بعنصر الزمن ويجب الأخذ بعين الاعتبار الخبرات السابقة والمشاكل الآنية واحتمالات المستقبل.

فإن التفكير في خطة جديدة لا يبدأ عند انتهاء الخطة القديمة بل يجب إن يكون التخطيط طويل الأمد ويشكل الإطار العام لخطط متوسطة الأجل ولخطط قصيرة الأجل وهناك إمكانية لخطط متتابعة، أو خطط مستمرة أي توضع خطة كل سنة وتضاف إلى السنة السابقة.

الفصل السادس
الهيئات الاجتماعية الأهلية والحكومية

الهيئات الاجتماعية الأهلية والحكومية

تطوير إدارة الهيئات الاجتماعية في مصر:

لم تختلف حركة الإصلاح في مصر من غيرها من الدول حيث قامت بدعوة من المصلحين الذين شعروا بحاجة للبلاد إلى جهود كثيرة لحل المشاكل الاجتماعية التي يتعرض لها الافراد والجماعات والمجتمعات، فكان لا بد من ظهور هيئات تعمل في هذا الميدان وتتكفل بتنفيذ بعض برامج التنمية والرعاية الاجتماعية، وقد تطورت هذه الهيئات تبعا للتطورات الفكرية التي سادت البلاد، فكانت جهودها في مبدأ الأمر تنحصر في نطاق ضيق لا يتعدى توزيع المعونات المالية (الإحسان) في المواسم والأعياد، تم تطور هذا الاتجاه وصاحبة قيام الخدمات الدينية بإنشاء المساجد ودور العبادة، والقيام بالوعظ والإرشاد والتعليم الديني، ونتيجة للاتصال الأوساط العلمية في العالم المعاصر وعودة الكثير من المبعوثين من الخارج بعد وقفهم على حركة الفكر العالمي واتجاهاته في ميادين الخدمة الاجتماعية المختلفة، بدأ في الظهور نوع من الخدمات المتخصصة في قطاعات الصحة والرعاية الاجتماعية وتنمية المجتمعات المحلية في الريف والحضر،وإعداد وتدريب الأخصائيين الاجتماعيين، ولم يكن من المستطاع القيام بهذه الخدمات إلا عن طريق هيئات تتولى هذه المسؤولية فأنشئت الجمعيات والمؤسسات الاجتماعية منذ بداية القرن التاسع عشر، وعلى وجه التحدي في عام 1821 ومرت هذه الهيئات بعدة تطورات، وازدهرت بعد ثورة 1919، وكثر عددها وتضاعف نشاطها وزاد إقبال المتطوعين على الانضمام إلى عضويتها، غير أن هذا النشاط الاجتماعي كان يفتقد الركائز العلمية والفنية لتوجيه والإشراف عليه والتخطيط له، مما دعا هذه الهيئات إلى التفكير جديا في إنشاء المعاهد الخاصة لإعداد الأخصائيين الاجتماعيين، ويعتبر عام 1937/36 علامة من علامات الطريق عندما تؤرخ الخدمة الاجتماعية في مصر، فقد أنشئت في هذا العام أول مدرسة للخدمة الاجتماعية في الإسكندرية بإشراف جماعة المشتغلين بالخدمة الاجتماعية، ومدرسة الخدمة الاجتماعية بالقاهرة تحت إشراف الجمعية المصرية للدراسات الاجتماعية.

وفي عام 1946 صدر قرار من مجلس الوزراء بإنشاء دبلوم عال للخدمة الاجتماعية، ودبلوم متوسط، وصدر على اثر ذلك قرار من وزير المعارف بتشكيل لجنة لوضع نظام عام لمدارس الخدمة الاجتماعية بمصر وقرار بإنشاء "معهد الفتيات للخدمة الاجتماعية" وهو المعهد الحكومي الذي ضم اخيرا لجامعة حلوان، وهكذا اعترفت الدولة بمهنة الخدمة الاجتماعية منذ ثلاثين عاما تقريبا.

وقد ذكرنا انه نتيجة الإحساس بالجمعيات باحتياجات الافراد والجماهير وعدم قدرة الجهاز الحكومي حينئذ على ا لاستجابة لهذه الاحتياجات بالعمل الاجتماعي المطلوب كان من الطبيعي أن تنتظم جهود الافراد في شكل جمعيات ومؤسسات تتصدى لهذه المسؤولية، وقد كان ظاهرة عامة في معظم الدول، فالجهود الأصلية تسبق الجهود الحكومية دائما في ميادين الخدمة الاجتماعية المختلفة، ولكن هذه الجهود حتى أواخر الثلاثينيات كانت تفتقر إلى التوجيه الفني مما دعا القائمين على هذه الجمعيات والمشتغلين بالخدمة الاجتماعية إلى المطالبة بإنشاء هيئة حكومية تكون مسؤولة عن تنظيم هذا القطاع تخطيطا وتنفيذا وإشرافا، وكان أن أنشئت وزارة الشؤون الاجتماعية عام 1939 للاضطلاع بهذه المهام، وقد صور ذلك اصدق تصوير في ديباجية مرسوم إنشائها حيث جاء فيها:

"مما أن تطور الحياة في البلاد يجعل من أمس الضروريات أن تختص الشؤون الاجتماعية بأقصى ما يستطاع من العناية، تفاديا بترك الأمور لحكم الصدقة (تخطيط) ولتضارب التيارات المختلفة والتبرعات المتعارضة (تنسيق)، نمو عملا على توجيه تلك الشؤون توجيها صحيحا قويا، وسعيا لتحقيق أعلى مستوى لحياة الفرد والأسرة (إشراف مع تحديد الهدف)".

وذلك كله يقتضي إنشاء وزارة تقوم على تلك الشؤون تجمع شتاتها وتنسق وحداتها وتبلغ بها ما ترجوه البلاد من خير ورقي....".

وقد تضمن هذا المرسوم المصالح الحكومية والهيئات الأهلية التي تدخل في اختصاصات هذه الوزارة والأعمال التي يجب أن تقوم بها وكانت كما يلي:

"مصلحة السجون والمعاهد والمستعمرات المختلفة لتقويم المجرمين والأحداث وإصلاحهم، وملاجئ الأيتام والعجزة والفقراء، وذوي العاهات والمتسولين، والمسارح ودور السينما، والنوادي والجمعيات، والمهرجانات والموالد، وبوليس الآداب، والجمعيات التعاونية، والتعاون بمختلف صوره، وأعمال البر والإحسان ومصلحة العمل، وتحسين أحوال العامل والفلاح ورفع مستوى المعيشة لها.

استحداث أساليب الترفيه في أوقات الفراغ، والخدمة الاجتماعية بالقاهرة، كما ن أول دفعة من الأخصائيين تخرجت عام 1940 بعد شهور قليلة من إنشاء وزارة الشئون الاجتماعية وكان طبيعيا أن تعزز الوزارة جهازها الإدارية ببعض هؤلاء الخريجين الذين كانوا يمثلون النواة الفنية الأساسية للجهاز الحكومي الجديد.

وبدأت الوزارة في ممارسة عملها في الإشراف على الجمعيات والمؤسسات الاجتماعية، ولم تجد صعوبة تذكر، بل وجدت معاونة جادة من جانب هذه الأجهزة، وكان إشرافها مستمدا من مرسوم إنشائها، ولكن "الإشراف" كان عريضة تحتاج إلى تحديد، ولذلك وجد من الأصوب إصدار تشريع ينظم العلاقة بين الوزارة وهذه الهيئات ويعطي القائمين بهذا التنظيم خطوات محددة كما يضع للجمعيات التزاماتها ووجهاتها.

وقد صدر فعلا أول قانون ينظم هذه العلاقة ويحدد معالمها وهو القانون رقم 49 لسنة 1945 الخاص بتنظيم الجمعيات الخيرية والمؤسسات الاجتماعية والتبرع للوجوه الخيرية.

وهو قانون مرحلي هام كان له الفضل في:

أ.   في تثبيت علاقة الجمعيات والمؤسسات بوزارة الشئون الاجتماعية.

ب.   وفي تحديد معالم هذه العلاقة تأكدت الدعائم والأسس التي قامت عليها التشريعات المناظرة التي صدرت فيما بعد.

ج.   وفي إطلاق الفرص إمام هذه التنظيمات لطرق آفاق جديدة في ميادين العمل الاجتماعي التي لم يكن لها وجود في مصر، أمكن توفير التوجيه الفني الذي أتاحته الوزارة للمشتغلين بهذه الهيئات.

د.   كما كان لهذا القانون الفضل في وضع الأسس الجديدة التي جاءت في تعديلات هذا القانون أو القوانين التالية في عام 1972،1964،1956، من حيث التنظيم والتنسيق والتمويل والمعونة الفنية للجمعيات والمؤسسات.

وقد عرف هذا القانون "الجمعية الخيرية" بأنها كل جماعة من الافراد تسعى إلى تحقيق غرض من أغراض الخير سواء أكان ذلك عن طريق المعاونة المادية أم المعنوية، وتعد مؤسسة اجتماعية كل مؤسسة تنشأ بمال يجمع كله أو بعضه من الجمهور لمدة معينة أو غير معينة سواء أكانت هذه المؤسسة تقوم بأداء خدمة إنسانية دينية أو عملية أو فنية أو صناعية أو زراعية أو رياضية أو لأي غرض آخر من أغراض البر أو النفع العام، ويشترط في جميع الأحوال ألا يقصد إلى ربح مادي للأعضاء، وألا تكون أغراض الجمعية الخيرية أو المؤسسة الاجتماعية ووسائلها في تحقيق هذه الأغراض مخالفة للنظام العام أو الأمن العام أو الآداب العامة.

ولا نجد اختلافا كبيرا بين هذا التعريف والتعريف الوارد في القانون رقم 33 لسنة بشأن الجمعيات والمؤسسات الخاصة والذي اعتبر الجمعية في تطبيق أحكام هذا القانون "أنها كل جماعة ذات تنظيم مستمر لمدة معينة أو غير معينة تتألف من أشخاص طبيعيين لا يقل عددهم عن عشرة أو من أشخاص اعتباريين لغرض غير الحصول على ربح مادي، وكل جمعية تنشأ مخالفة للنظام العام أو الآداب أو لسبب أو لغرض غير مشروع، أو يكون الغرض عنها المساس بسلامة الجمهور أو بشكل الحكومة الجمهوري، أو نظامها الاجتماعي تكون باطلة.

كما اشترط القانون المشار إليه على أن المؤسسة الخاصة تنشأ بتخصيص مال لمدة معينة لعمل ذي صفة إنسانية أو دينية أو عملية أو فنيه أو لأي عمل آخر من أعمال البر والرعاية الاجتماعية أو النفع العام دون قصد إلى ربح المادي.

يكون تخصيص المال لإنشاء المؤسسة بسند رسمي أو بوصية، ويعتبر السند أو الوصية دستورا للمؤسسة، ويجب أن يشمل على اسم المؤسسة وميدان نشاطها ونطاق عملها الجغرافي ومركز إدارتها في مصر، والغرض الذي أنشئت المؤسسة لتحقيقه، وبيان الأموال المخصصة لهذا الغرض، ونظام إدارة المؤسسة بما في ذلك أسم مديرها، وكما يجب أن يشتمل على البيانات الأخرى التي يصدر بتعيينها قرار من الجهة الإدارية المختصة.

ومن كل هذا يتضح أن أساس تكوين الجمعية هو "الجماعة" بينما الأساس في المؤسسة هو "المال" المخصص لغرض من الأغراض، وتشترك كل من الجمعية والمؤسسة في:

- أن كلا منهما يستهدف تحقيق غرض من أغراض البر أو النفع العام.
- إنهما لا تستهدفان تحقيق ربح مادي.
- كما انه بالطبع يجب ألا يكون نظام واغراض ونشاط أي منهما ما يتعارض مع الأمن العام أو النظام العام أو الآداب العامة.

أنواع الهيئات الاجتماعية:

يمكن تصنيف الهيئات الاجتماعية على أساس تصنيفات عدة:

1. **حسب التبعية وهي نوعان:**

- حكومية: وبمعنى أنها إحدى وحدات الجهاز الحكومي وتخضع للأحكام التي تنظمه.

● أهلية: تقوم أصلا على الجهود التطوعية لجماعات من الأفراد المهتمين بالخدمة العامة يتولون تنظيمها وإدارتها في إطار النظام العام أو القوانين والتشريعات التي تنظم العمل الاجتماعي التطوعي.

2. **حسب مكانة الخدمة الاجتماعية بها وهي أيضا نوعان:**

مؤسسات خاصة بالخدمة الاجتماعية: وقد أنشئت خصيصا لتمارس فيها جهة الخدمة الاجتماعية وفقا لفلسفتها ومبادئها وأساليبها المهنية وهذه المؤسسات أيضا تنقسم للأنواع التالية:

● مؤسسات أساساً لخدمة الفرد فقط.

● مؤسسات أساساً لخدمة الجماعة فقط.

● مؤسسات أساساً لتنظيم المجتمع فقط.

● مؤسسات تمارس عمليات مجتمعية.

3. **حسب نوع العملاء:**

● مؤسسات خاصة بالأسرة.

● مؤسسات خاصة بالشباب.

● مؤسسات لمرضى النفس والعقل.

● مؤسسات لرعاية المسنين.

● مؤسسات تتعلق باحتياجات المرأة وهكذا.

4. **مؤسسات حسب نوع الخدمة مثل:**

● مؤسسات تتناول الخدمات التعليمية.

● مؤسسات تتناول الخدمات الصحية.

● مؤسسات تتناول الاحتياجات الاقتصادية.

هذا وقد قسم قانون 32 لسنة 1964 الخاص بالجمعيات والمؤسسات الخاصة في مصر إلى ثلاثة أنواع:

1. الجمعية: عرفتها المادة رقم (1) من القانون على أنها:

"الجمعية في أحكام هذا القانون هي كل جماعة ذات تنظيم مستمر لمدة معينة أو غير معينة تتألف من أشخاص طبيعيين لا يقل عددهم عن عشرة أو من أشخاص اعتباريين لغرض الحصول على ربح مادي.

2. الجمعية ذات الفهم العام: وقد نصت المادة 63 من نفس القانون على انه:

تعتبر جمعية صفة عامة كل جمعية يقصد بها تحقيق مصلحة عامة ويصدر بها قرار من رئيس الجمهورية كذلك يجوز بقرار من رئيس الجمهورية سحب الصفة العامة للجمعية.

3. المؤسسة الاجتماعية: وهي حسب نص المادة 69 من القانون نفسه:

تنشأ المؤسسة الخاصة بتخصيص مال لمدة غير معينة لعمل ذي صفة إنسانية أو دينية أو لنفع عام أو لأي عمل من أعمال البر والرعاية الاجتماعية.

الفروق الأساسية بين الهيئات الحكومية والأهلية:

أولاً: من حيث السياسة العامة:

يحدد السياسة العامة للهيئات الحكومية تشريعات أو قرارات حكومية، أما الهيئات الأهلية فيحدد سياستها الجمعية العمومية، أو مجلس إدارة في حدود القوانين التي تنظم علمها.

ثانياً: من حيث التمويل:

تمول الهيئات الحكومية من الضرائب وترصد لها اعتمادات في ميزانية الدولة أما الهيئات الأهلية فيتم تمويلها من التبرعات والإعانات والهبات.

ثالثاً: من حيث مرونة الإدارة:

تتميز الهيئات الأهلية بأن نظم إدارتها وطرق العمل بها وأساليب اختيار الموظفين أكثر مرونة من الهيئات الحكومية وذلك بسبب خضوع الهيئات الأهلية هي التي تضع اللوائح والنظم التي تلائمها بنفسها وتستطيع أن تغير وتبدل من هذه اللوائح والتعليم كلما استلزم الأمر في سهولة ويسر أكثر من الهيئات الحكومية:

1. **الهيئات الأهلية:**

الهيئات الأهلية التي تعنيها نوعان: جمعيات ومؤسسات خاصة، ويعرف القانون الجمعية بأنها كل جماعة ذات تنظيم مستمرة لمدة معينة أو غير معينة يتألف من أشخاص طبيعيين لا يقل عددهم من عشرة أشخاص أو من اشخص اعتباريين لغرض الحصول على ربح مادي.

أما المؤسسة الخاصة: فتنشأ بتخصيص مال لمدة غير معينة لعمل ذي صفة إنسانية أو دينية أو عملية أو فنية أو لأي عمل آخر من أعمال البر والرعاية الاجتماعية أو النفع العام دون قصد إلى وازع مادي ويشترط القانون في إنشاء الجمعيات أن يوضع لها نظام مكتوب (نظام أساسي) موقع علهي من المؤسسين.

أن يكون تخصيص المال لإنشاء لؤسسة بسند رسمي يعتبر دستورا للمؤسسة.

هـذا وقـد حـددت اللائحـة التنفيذيـة في القـانون الميـادين التـي تعمـل فيهـا الجمعيـات والمؤسسات الخاصة على الوجه التالي:

1. رعاية الطفولة والأمومة.
2. رعاية الأسرة.
3. المساعدات الاجتماعية.
4. رعاية الشيوخية.
5. رعاية لفئات الخاصة والمعوقين.
6. الخدمات الثقافية والعملية.
7. تنمية المجتمعات المحلية.
8. رعاية المسجونين.
9. تنظيم الأسرة.
10. التنظيم والإدارة.
11. الصداقة بين الشعوب.
12. النشاط الأدنى.

لائحة النظام الأساسي للهيئات الأهلية:

لما كان القصد من إنشاء الهيئة الأهلية أن تكون لها صفة الاستمرار يصبح ضروريا تنظيم قانوني ينتظم عملها ويعرف بالنظام الأساسي، وهو الذي يعطي الهيئة الأهلية الشخصية الاعتبارية اللازمة إزالة أعمالها وأداء خدماتها.

وقد نص القانون رقم 32 لسنة 1964 بشأن الجمعيات والمؤسسات الخاصة على أن النظام الأساسي الجمعية أو المؤسسة هو بمثابة الدستور ويشمل على البيانات الآتية:

1. اسم الهيئة وميدان نشاطها ونطاق علمها الجغرافي ومركز إدارتها على أن يكون هذا المركز في جمهورية مصر العربية.

2. الأغراض البعيدة والقومية التي أنشئت من أجلها الهيئة.
3. موارد الهيئة وكيفية استغلالها والتصرف فيها.
4. الأجهزة التي تمثل الهيئة واختصاصات كل منها وكيفية اختيار أعضائها وطرق عزلهم، الجمعية العمومية، مجلس الإدارة، اللجان.
5. نظام العضوية وشروطها وحقوق الأعضاء وواجباتهم
6. نظام المراقبة المالية.
7. كيفية تعديل النظام الأساسي.
8. قواعد حل الهيئة وكيفية التصرف في أموالها بعد الحل.

هذا وقد نص القانون كذلك على أن الشخصية لاعتبارية للهيئة الأهلية هي الصفة التي يمنحها القانون لمجموعة أشخاص أو أموال تمكنها من مزاولة نشاط محدد مستقلة عن الأشخاص الآدميين المنشئين لها أو أموالهم الخاصة، ولم يتم شهر الهيئة إلا طبقا لأحكام هذا القانون وان هذا لشهر يتم بناء على طلب منشئ الهيئة أو مديرها والجهة الإدارية المختصة بالإشراف على الهيئة طبقا للإجراءات المقررة لشهر الهيئة الأهلية، استحدث القانون رقم 36 لسنة 1964 عدة أمور تعتبر في صالح الجمعيات والمؤسسات الخاصة ذاتها، وكذلك في صالح الهيئات أو الأغراض التي تقوم لخدمتها، ومن هذه الأمور التي استخدمتها القانون المذكور بمقارنته بالقوانين التي سبقته وأهمها القانون رقم 384 لسنة 1956 ما يلي:

1. شرط القانون الجديد إلا تقل عدد الأشخاص الطبيعيين الذين تتألف منهم الجمعية عن عشرة.
2. لا يجيز القانون الجديد الجمعية الخاصة أن تعمل في أكثر من ميدان واحد من الميادين التي ورد ذكرها في لائحة التنفيذية إلا بعد موافقة الجهة الإدارية المختصة وذلك تمشيا مع مبدأ التخصص في أداء الخدمات أللارتفاع بمستواها.
3. أعطى القانون الجديد جهة الإدارة المختصة حق برفض شهر نظام الجمعية إذا كانت البيئة لا تحتاج إلى خدماتها أو كان هناك جمعيات أخرى تسد

حاجات البيئة في ميدان النشاط المعين، وذلك منعا من الازدواج والتكرار ومحاولة لربط قيام الجمعيات بالاحتياجات الفعلية للمجتمع.

عناصر لائحة النظام الأساسي:

ينبغي أن تتضمن لائحة النظام الأساسي للهيئة الأهلية بيانا وافيا عن الآتي:

1. اسم الهيئة ويراعي في اختياره السهولة والبساطة والتعبير عن طبيعة أهداف الهيئة هذا الاسم هو الذي يستخدم في جميع المكاتبات والمطبوعات والوثائق والمستندات المرتبطة بالهيئة صاحبة الاسم.

2. الأغراض: يراعي في تحديد الأغراض أن تكون واضحة بحيث لا تحتمل اللبس أو التأويل، وان تدون بطريقة مرنة تسمح للهيئة بالتوسع في خدماتها مستقبلا دون الحاجة إلى تعديل نظامها الأساسي هذا وقد اشترط القانون الجديد إلا تعمل الجمعية الأهلية في أكثر من ميدان واحد من الميادين المنصوص عليها في لائحته التنفيذية إلا بعد اخذ رأي الجهات المختصة وموافقتها هذه الجهات شمل الاتحادات والجهات الإدارية المركزية.

3. شروط العضوية:

بعض شروط العضوية تتحدد بالقانون والبعض الآخر تتطلبه طبيعة الهيئة و أهدافها ومن أمثلة هذه الشروط المالية التي تحدد قيمة اشتراك للعضوية بفئاتها المختلفة وشروط المؤهلات إذا استلزمت طبيعة الهيئة ذلك، وشروط الديانة أو الانتماء لمذهب معين بالنسبة للهيئات والجمعيات الدينية وكذلك شرط التمتع بالحقوق المدنية والسياسية لبعض الفئات الحضرية.

4. أنواع العضوية:

جرى العرف على أن تتضمن العضوية الخاصة والجمعيات أنواعا مختلفة من العضوية مثل:

العضو العامل:

وهو الذي يتمتع بحق الترشيح لعضوية مجلس الإدارة الجمعية أو المؤسسة ويتمتع بحقوق ومزايا العضوية اقل نسبيا من العضو العامل بسبب عدم انطباق كل شروط العضوية العاملة التي تنص عليها لائحة الهيئة عليه.

العضو الفخري:

وهو العضو الذي تمتع بالعضوية مقابل ما قدمه أو يقدمه من خدمات أدبية أو مادية تيسر للهيئة للقيام بإعمالها وهو عادة لا يتمتع بحق الترشيح لعضوية مجلس الإدارة ولا حق حضور اجتماعات الجمعية العمومية أما إذا كان العضو الفخري عضوا بمجلس الإدارة فإنه يتمتع فقط بحق المناقشة ولكن ليس حق التصويت.

العضو الزائر:

وهو العضو الذي يتعاطف مع أغراض الهيئة ويؤمن برسالتها ولكن لا يستطيع أن يزاول بها بسبب عدم إقامته في منقطة نشاطها.

مجلس الإدارة:

يجب أن يتضمن لائحة النظام الأساسي للجمعية أو المؤسسة الخاصة بيانا من واجبات مجلس إدارتها وطريقة اختيار أعضائه ودورات اجتماعه ودوره العضوية فيه.

اللجان:

لا تستغني الإدارة الحديثة للجمعيات والمؤسسات الخاصة عن وجود لجان تستطيع بحكم تكوينها إعطاء مزيد من الاهتمام والعناية بالأعمال التي تهم المدرسة انجازها بطريقة أكثر منطقا.

مواعيد الاجتماعات وأنواعها:

ينبغي أن تنص لائحة النظام الأساسي على موعد بدء وانتهاء السنة المالية.

(أحيانا نبدأ السنة المالية للجمعية وتنتهي مع بدء ونهاية السنة الميلادية)

وأحيانا تتمشى مع السنة المالية للجهاز الحكومي.

9. كيفية وشروط تعديل اللائحة وطريقة حل الجمعية والمؤسسة.
10. طريقة مراجعة حساب الجمعية أو المؤسسة الخاصة وينص القانون بتعيين مراقب للحسابات تعينه أو تنتخبه الجمعية العمومية من غير الأعضاء.

البناء الوظيفي للهيئة الاجتماعية الأهلية:

أولاً: الجمعية العمومية:

تتكون الجمعية العمومية للهيئة الأهلية من الأعضاء العاملين الذين أوفوا الالتزامات المعروضة عليهم وفقا للنظام الأساسي للهيئة ومضت على عضويتهم مدة ستة أشهر على الأقل (طبقا للقانون رقم 32 لسنة 1964) ويستثنى من شروط مضى هذه المدة أعضاء جمعيات الطلبة من معاهد التعليم، ينص قانون الجمعيات والمؤسسات الخاصة رقم 32 لسنة 1964 على وجوب دعوة الجمعية العمومية مرة كل سنة خلال الثلاثة شهور التالية لانتهاء السنة المالية للهيئة وذلك للنظر في الميزانية والحساب الختامي وتقرير مجلس الإدارة عن أعمال السنة وتقرير مراقب الحسابات وتعيين وانتخاب أعضاء مجلس الإدارة بدلا من الذين زالت أو انتهت عضويتهم وغير ذلك من المسائل التي يرى مجلس الإدارية إدراجها في جدول الأعمال كما يجوز دعوتها لاجتماعات غير عادية للنظر في تعدل نظام الجمعية للنظر في تعدل النظام الجمعية أو حلها أو اندماجها في غيرها أو عزل أعضاء مجلس الإدارة أو لغير ذلك من الأسباب وهذه هي مجموعة الاختصاصات الأساسية للجمعية العمومية.

وتعقد الجمعية العمومية بناء على:

1. دعوة مجلس الإدارة.

2. طلب يتقدم به إلى مجلس الإدارة كتابه أربع من الأعضاء الذي لهم حق حضور الجمعية أو مائتان منهم أيها أقل.

3. دعوة الجهة الإدارية المختصة مديرية الشئون الاجتماعية إذا رأت ضرورة لذلك وبعد اخذ رأي الاتحاد المختص، وكل هذه الحالات يجب أن يرفق جدول الأعمال بالدعوة إلى الجمعية العمومية ولا يجوز للجمعية النظر في غير المسائل الواردة في الجدول إلا بموافقة الأغلبية المطابقة لمجموعة عدد أعضاء الجمعية العمومية، هذا ولا يعتبر اجتماع الجمعية صحيحا إلا بحضور الأغلبية المطلقة لاعضائها فإذا لم يتكامل العدد اجل الاجتماع إلى جلسته أخرى تعقد خلال مدة أقلها ساعة وأقصاها خمسة عشر يوما من تاريخ الاجتماع لأول يوما لما حدده النظام الأساسي للهيئة ويكون الانعقاد في هذه الحالة صحيحا إذا حضره بأنفسهم عدد لا يقل عن 10% من الأعضاء أو 200 عضوا أيها اقل بحيث لا يقل عدد الحاضرين عن ثمانية أشخاص.

الأغلبية المطلوبة في قرارات الجمعية العمومية:

ينص القانون الخاص بالجمعيات والمؤسسات الخاصة على تصدر قرارات الجمعية العمومية

طبقاً:

1. تصدر بالأغلبية المطلقة للأعضاء الحاضرين ما لم يشترط نظام الهيئة أكثر من ذلك.

2. تصدر بالأغلبية المطلقة لأعضاء الجمعية فيما يختص بتعديل النظام الأساسي.

3. تصدر بأغلبية في الأعضاء فيما يختص بتقرير حل الجمعية أو إدخال تعديل في نظامها يتعلق بغرض الجمعية أو عزل أعضاء مجلس الإدارة وكذلك فيما يتعلق بإدماج الجمعية في غيرها، (ويتم ذلك ما لم يرد في نظام الهيئة نص اشترط أغلبية الأعضاء).

ثانياً: مجلس الإدارة:

ينص قانون الجمعيات والمؤسسات الخاصة أنه يجب أن يكون لكل جمعية أو اتحاد مجلس إدارة لا يقل أعضائه عن خمسة ولا يزيد عن خمسة عشر ولتكون مدة العضوية فيه ثلاث سنوات بحيث يتجدد انتخاب تلك الأعضاء كل سنة بطرقة القرعة. ولا يجوز في جميع الأحوال أن تزيد مدة العضوية عن خمسة سنوات متتالية.

مجلس الإدارة هو الجهاز المنتخب الذي يتولى إدارة الهيئة لا يجوز الجمع بين العضوية فيه والعمل بأجر في الهيئة وكذلك لا يجوز (طبقا للقانون) الجمع بين عضوية مجلس الإدارة في أكثر من هيئة تعمل في ميدان واحد إلا بإذن من الجهة الإدارية المختصة، ويشترط القانون في عضو مجلس الإدارة أن يكون متمتعا بحقوقه المدنية والسياسية ويستثنى من ذلك جمعيات الطلبة ومعاهد التعليم بالإضافة إلى هذا يجوز للهيئة أن تتطلب شروطا أخرى في أعضاء مجلس الإدارة لتحقيق أغراضها بشكل أفضل هذا وقد أجاز القانون لوزير الشئون الاجتماعية أن يتعين ممثلا للوزارة وممثلا لكل هيئة من الهيئات الإدارية المعينة في مجلس الإدارة الأهلية بحيث لا يزيد عددهم عن نصف مجموع الأعضاء ولا تسري عليهم الأحكام الخاصة بمدة العضوية.

ويجتمع مجلس الإدارة مرة كل شهر على وكل عضو يتخلف عن حضور أكثر من نصف عدد جلسات المجلس في العام يعتبر مستقيلا من المجلس.

اختصاصات أو واجبات مجلس الإدارة:

يختص مجلس إدارة الهيئة الأهلية طبقا لقانون 32 لسنة 1964 ما يأتي:

1. إدارة شؤون الهيئة الإدارية والفنية وإعداد اللوائح الداخلية لها مع الاسترشاد بالنماذج التي تعدها وزارة الشؤون الاجتماعية على أن تقر هذه اللوائح الجمعية العمومية وتعتمدها وزارة الشؤون الاجتماعية المختصة.

2. تكوين اللجان التي يراها المجلس لازمة لحسن سير العمل وتحديد اختصاصات كل منها على أن يتولى رئاسة كل لجنة عضو مجلس الإدارة وتكون قرارات هذه اللجان نافذة في حدود اختصاصها على أن تعرض أعمالها على مجلس في أول اجتماع له للتصديق عليها.
3. تعيين العاملين اللازمين للعمل وتأديتهم وفصلهم ويجوز لمجس الإدارة بعد موافقة مديرية الشؤون الاجتماعية المختصة أن يعين مدبرا من أعضاء المجلس أو من غير أعضائه يفوضه التصرف في أي شأن من الشؤون الداخلة في اختصاص المجلس.
4. إعداد لحساب الختامي عن السنة المالية المنتهية ومشروع الميزانية عن العام الجديد والتقرير السنوي وذلك لعرضها على الجمعية العمومية في دور انعقادها السنوي على أن تخطر مديرية الشؤون الاجتماعية بمشروع الميزانية قبل عرضه على الجمعية العمومية مشهور على الأقل.
5. دعوة الجمعية العمومية العادية وغير العادية طبقا للقانون وتنفيذ قراراتها.
6. مناقشة تقرير مراقب الحسابات وإعداد الرد على ما يرد من ملاحظات وعرضها وعلى الجمعية العمومية.
7. تحديد اختصاصات المدير المعين من أعضاء المجلس أو من غير أعضائه تطبيقا للقانون.
8. إخطار كل من مديرية الشئون الاجتماعية المختصة والاتحاد وان عن حركة العضوية وذلك كل ثلاثة أشهر.

هذا وقد أجاز القانون لمجلس الإدارة أن يفوض في كل أو بعض اختصاصاته لجنة تنفيذية يشكل من الرئيس أو نائبه أو أمين الصندوق والسكرتير ومن ينتخبه المجلس من بين أعضائه في ألا يريد عدد أعضاء اللجنة التنفيذية عن خمسة أعضاء.

ويجوز لمجلس الإدارة بموافقة الجهة الإدارية المختصة أن يعين مديرا من بين أعضائه أو من غير أعضائه يفوضه للتصرف في أي شأن من شؤون الداخلية واختصاصاته.

أعمال المدير المنفذ للهيئة:

المدير المنفذ مسئول عن كافة عمليات الإدارة التي أسميناها عناصر عملية الإدارة، وهي التخطيط، والتنظيم، التوظيف، التوجيه، التنسيق، إعداد التقارير والتبليغ، وإعداد الميزانية واتخاذ القرارات.

هذا ويلاحظ أن المدير المنفذ الناجح يراعي في عمله عدة اعتبارات أهمها:

1. تقسيم وقته بحكمة بين التخطيط والتنفيذ.
2. إشراك العاملين بالهيئة في عمليات التخطيط والتنفيذ
3. توزيع المسؤوليات والأعمال على كافة موظفي الهيئة حسب كفاءة كل منهم واستعداده.
4. تكوين علاقات عمل متوازنة بينه وبين العاملين معه.
5. تقسيم أعمال الهيئة بصفة دورية للكشف عن نقاط الضعف في السياسات أو في التنفيذ.
6. الاستعادة من أعمال اللجان وتقبل وجهات النظر الجدية.
7. تعيين أعمال الموظفين على أساس موضوعي وبصفة دورية مستمرة.

والمدير الناجح في رأينا هو الذي يقوم بدورة الإداري والتعليمي بنجاح ولكي يتحقق ذلك فإنه ينبغي أن تتوفر فيه الصفات والقدرات التالية:

1. القدرة على تفهم الافراد والتعامل معهم.
2. القدرة على توجيه الافراد والتنسيق بين جهودهم.
3. المهارة في إدارة المناقشات الفردية والجماعية.

4. القدرة على إيجاد قرارات منطقية عملية.
5. القدرة على التنمية روح الجماعة بين مرؤوسيه.
6. المبادأة والابتكار.
7. القدرة على التنبؤ باحتمالات المستقبل والتخطيط.
8. القدرة على تقسيم المرؤوسين بطريقة موضوعية بناءة بتشجيعهم على النمو.
9. بصفة عامة يجب أن يكون محددا نشيطا وقوي الاحتمال على ترجمة السياسات والمخطط إلى برامج على أن يتوفر فيه الإحساس المرهف باحتياجات المجتمع ومشاكله وان يكون حازما في غيره منفذ وقادرا على التوجيه والإشراف.

اللجان:

اللجنة مجموعة من الافراد تعين أو تنتخب لبحث وإصدار قرارات أو توصيات في الموضوعات التي تحال إليها أو تكلف بها وغالبا ما تكون مهمتها التقدم بتقارير عما نبحثه من مسائل إلى الجهة أو الجهاز الذي تمثله.

ويعرفها البعض: بأنها مجموعة من الافراد تقوم بالبحث والبت في موضوعات للوصول إلى توصيات أو قرارات بشأنها:

كيف تتكون اللجان:

أ. يتم تكوين اللجان أما عن طريق الانتخاب وذلك بواسطة الجمعية العمومية ومن بين أعضائها أو بواسطة مجلس الإدارة ومن بين أعضائها.
ب. وقد يتم تعيين أعضاء اللجان بالاختيار بمعرفة مجلس الإدارة من أعضاء الجمعية العمومية ومن غيرهم في بعض الحالات كالخبراء أو المهتمين، أو المتطوعين المهتمين بنشاط الهيئة. وقد يصدر بتكوين اللجنة قرار من جهة إدارية كوزارة الشؤون الاجتماعية.

ج. تشكل اللجان أحيانا بالانتخاب والتعيين معا، فقد ينتخب بعض أعضاء اللجان بواسطة الجمعية العمومية ويعين البعض الآخر بالاختيار بواسطة مجلس الإدارة كالخبراء والمهنيين أو المتطوعين المهتمين بنشاط الهيئة.

فوائد اللجان:

هناك فوائد ومزايا عديدة يمكن أن تتحقق من وجود لجان فعالة نشيطة منها أن العمل باللجان يعطي الافراد المتحمسين للخدمة فرصة طيبة للعمل البناء، وتعتبر أيضا وسيلة فعالة للتدريب وإعداد أعضاء الهيئات الأهلية لتحمل مسؤوليات اكبر واكبر في نجاح برامج الهيئات يضاف إلى هذا أن اللجان تعتبر فرصة بالنسبة لأعضاء مجلس الإدارة للتعرف على مختلف الاتجاهات والآراء في المجتمع الذي تخدمه الهيئة حتى لا تكون الهيئة في معزل من المشاكل الحقيقية والجماهير الذين تخدمهم.

كما أن اللجان بحكم طبيعتها وتكوينها تستطيع أن تعمق في بحث ودراسة الموضوعات والمسائل التي لا يستطيع مجلس الإدارة أن يعطيها ما تحتاجه من وقت ومهارات.

تقسيمات أو أنواع اللجان:

أ.   **من حيث الزمن:**

كاللجان الدائمة واللجان المؤقتة:

أ. فاللجان الدائمة إنما يتم تعيينها استنادا إلى نص في لائحة النظام الأساسي للجمعية أو المؤسسة (بموجب هذا التشكيل) ويتصف عملها بالاستمرار مثل اللجان المالية في الجمعية والتي يوكل إليها معاونة أمين الصندوق في الإشراف على تمويل الجمعية وضبط الاتفاق.

ب. أما اللجنة المؤقتة هي التي يصدر قرار بتشكيلها لدراسة موضوع بذاته أو تنفيذ مهمة معينة ويزول كيانها بإتمام مهمتها فمجلس الإدارة المؤقت هو التي يصدر قرار به من وزير الشئون الاجتماعية الإدارة الجمعية ودوره الجمعية العمومية لانتخاب مجلس إدارة جديد في خلال سنة هو في الواقع لجنة مؤقتة لعمل مؤقت.

ب.   من حيث الوظيفة:

1.   اللجان الاستثمارية:

هي التي تشكل لدراسة موضوع معين وتضم عادة بعض الفنيين على الأقل في الموضوع المراد بحثه.

وهذه اللجان تقدم توصياتها إلى الجهة التي قامت بتشكيلها لمجلس الإدارة أو الجمعية العمومية ويشترط لنجاح اللجنة الاستثمارية في مهمتها أن تضم التخصصات المختلفة التي تفيد في تحديد موضوع البحث والإلمام به والتقدم برأي مستنير بشأنه.

2.   اللجان التنفيذية:

وهي اللجان التي يوكل إليها تنفيذ عمل معين كتدبير حملة لجمع التبرعات للجمعية أو تنفيذ مبنى مؤسسة جديد في حدود الاعتمادات المتخصصة لذلك.

وقد تشكل لجنة التنفيذية للممارسة العمل اليومي نيابة عن مجلس الإدارة ولها حق إصدار قرارات لها سلطة تنفيذية.

3. اللجان الإشرافية:

وهي اللجان التي يعهد إليها بمهمة الإشراف على نشاط معين من أنشطة الجمعية كلجنة الإشراف على دار الحضانة أو دار المسنين التابعة للجمعية.

4. اللجان التنسيقية:

وهي اللجان التي يعهد إليها بمهمة التنسيق بين الأنشطة المختلفة وذلك منعا للازدواج وتفاديا للتكرار دون مبرر.

ولا توجد هذه اللجان إلا في الجمعيات الكبرى المتعددة الأغراض أو المؤسسات التي لها نشاط من نوعيات مختلفة وغنى عن القول أن التنسيق من أهم الوظائف الإدارية سواء في الجمعيات أو الهيئات.

5. اللجان التحضيرية:

وتنحصر مهمتها في الدراسة والإعداد لعمل معين كالمؤتمرات أو إعداد دراسات أو بحوث أو ما شابه ذلك.

6. اللجان من حيث الغرض:

تشكل اللجان من حيث المهمة المستندة إليها فقد تكون لجنة ثقافية، لجنة روحية، لجنة صحية، لجنة اجتماعية، لجنة مالية، وأي لجان تعتبر تسميتها عن نو ع المهمة المستندة إليها.

ج. من حيث العضوية:

أ. لجان تقتصر عضويتها على أعضاء ومجالس الإدارة.
ب. لجان تضم إلى عضويتها بعض المواطنين من المهتمين بنشاطها أو المتخصصين في أعمالا بالإضافة إلى من تضمه من أعضاء مجالس الإدارة.

ج.   لجان تضم إلى عضويتها بعض المواطنين المهتمين بنشاطها والمتخصصين في أعمالها بالإضافة إلى ما تضمه من أعضاء مجلس الإدارة أو أعضاء الجمعية العمومية.

1. يختار مجلس الإدارة كل الأعضاء.
2. يختار مجلس الإدارة رؤساء اللجان فقط وترك لكل رئيس حق ترشيح من يرى ترشيحهم.
3. يطلب من المدير المنفذ ترشيح أعضاء اللجان على أن يوافق على الترشيح مجلس الإدارة.

الحجم الأمثل اللجنة:

ليس هناك عدد يسير إلى الحجم الأمثل، ولكن يراعى أن تكون من الكبير حتى يتحقق فيها اصدق تمثيل لكافة وجهات النظر والاتجاهات الموجودة بالبيئة، وان تكون من الصغر بحيث لا يتوقف نشاطها بغياب بعض الأعضاء.

واجبات رئيس اللجنة:

على رئيس اللجنة الذي يبغي النجاح للجنة أن يدرك واجباته ويكون قادرا على أدائها بالشكل وفي الوقت المناسب واهم هذه الواجبات ما يلي:

1. أن يدرك جيدا مهام اللجنة ويفهم ما يجب أن يناقشه من موضوعات.
2. أن يتأكد أن جميع الترتيبات المرتبطة بعمل اللجنة التي اتخذت من حيث جدول الأعمال و إرسال الدعوة للأعضاء، وإعداد المكان المناسب للاجتماع.
3. أن يراعي أن اللجنة تجتمع في مواعيدها المحددة دون ضياع الوقت.
4. أن يشجع الأعضاء على المشاركة الفعالة في أعمال اللجنة وعلى كلا مهم الفرعية الكافية للمناقشة حول المسائل المعروضة ويحترم آرائهم، حتى ولو كانت مختلفة مع رأي الشخص ويعطيها وزنها فيما تصدره من قرارات للتأكد من وضوحه وفق ما يجتمع عليه الرأي في اللجنة.

5. يقوم بمتابعة مسائل الموضوعات التي قررتها اللجنة عن طريق إرسال مذكرة بهذه المسائل والموضوعات بعد اعتمادها من رئيس اللجنة إلى كل عضو مع توجيه نظره في لباقة إلى المسائل التي وكتلها للجنة إليه.

6. يقوم بالاتصال بالأعضاء المتغيبين عن حضور اجتماع اللجنة ويفيدهم بالمسائل التي تعرضت اللجنة لمناقشاتها في غيابهم والقرارات التي توصلت إليها.

شروط الاجتماع الناجح:

الاجتماع الناجح هو الذي يحقق الهدف منه في سهولة ويسر وفي اقصر وقت ممكن ولكي يتحقق هذا النجاح لا بد من توافر عدة مسائل أو شروط أهمها ما يلي:

1. وقت الاجتماع: أن يبدأ لاجتماع في الوقت المحدد له، وينتهي في الوقت المناسب بطرق رسمية.

2. مكان الاجتماع: أن يكون مكان الاجتماع مناسبا من حيث السعة والإضاءة والتهوية والأعداد.

3. التحضير للاجتماع: يجتمع الرئيس والسكرتير والمدير المنفذ لوضع جدول الأعمال قبل الاجتماع.

4. جدول الأعمال: هو عبارة عن رؤوس الموضوعات المعروضة للمناقشة وهذا الجدول يبين أهمية الموضوع الذي يحتاج إلى بحث وعناية المجلس ويجب أن يراعى عدم ادارج موضوعات كثيرة مع تقدير الوقت الكاف لكل بند.

5. أن ينظم المناقشات موضوعات ما يدور حوله من آن إلى آخر لكي يساعد الأعضاء على التركيز والاهتمام بالمسائل الهامة.

6. أن يتأكد من أن القرارات للجنة تتصف بالوضوح والتحديد وان تتضمن شرح طريقة التنفيذ وتوزيع المسؤوليات كلما كان ذلك ضروريا.

7. أن يتقدم بتقارير دورية عن نشاط اللجنة وقراراتها إلى مجلس الإدارة الهيئة وان يراعي في تلك التقارير الأمانة في العرض والموضوعية.

8. أن يدعم روح الفريق والتعاون بين أعضاء اللجنة.

واجبات سكرتير اللجنة:

1. معاونة رئيس اللجنة في دارسة المسائل المطلوب عرضها على اللجنة وفي إعداد جدول الأعمال.

2. يقوم بإرسال الدعوة إلى الأعضاء بعد موافقة رئيس اللجنة ويرفق بها جدول الأعمال ويرفق به محضر الجلسة السابقة أن وجدت كل ذلك قبل عقد الاجتماع بوقت كاف.

3. يقوم بإعداد الوثائق والبيانات والمعلومات التي قد يحتاجها أعضاء اللجنة عند مناقشاتهم المسائل المعروضة.

4. يقوم بإعداد محضر لجميع المسائل التي نوقشت والقرارات التي أصدرتها عقب انتهاء الاجتماع في لغة واضحة محددة طبقا للصورة التي تمت بها في الاجتماع، ولكي يتم تسجيل محضر صادق لما يدور في الاجتماع فإن على السكرتير أن يعيد تلاوة ما يسجله على الأعضاء.

5. بالنسبة للقرارات التي توصي بها اللجان يجب أن توضع موضع التنفيذ وان يقدم تقريرا عنها في الاجتماعات التالية.

محضر الاجتماع:

محضر الاجتماع هو بمثابة تقرير عما قامت به اللجنة خلال اجتماعها وهو بهذه الصفة يعتبر بمثابة الدليل الذي يوجه أعمال اللجنة في المستقبل ويؤثر في سياستها ولكي يحقق محضر الاجتماع الغرض منه يجيب إن يصاغ بوضوح ويكتب بدقة وان يشمل مكان الاجتماع وتاريخه وتوقيته وأسماء الحاضرين والمتغيبين والمعتذرين كل هذا بالإضافة إلى ملخص واف لكل مناقشات والقرارات التي اتخذت أثناء الاجتماع ولكي يحقق محضر الاجتماع الغرض منه يجب أن يوزع على الأعضاء بعد اعتماده من رئيس اللجنة وقبل انعقاد الاجتماع التالي بوقت كاف.

الفصل السابع
إدارة الهيئات الأهلية

إدارة الهيئات الأهلية

تطور وتنظيم الهيئات الأهلية الاجتماعية:

الجمعيات والمؤسسات الأهلية دورا رائدا في التعريف بميادين الخدمة الاجتماعية بل وفي إدخال برامج الخدمة العامة والنهوض بها إلى المستوى المطلوب وقد مر عليها عدة مراحل منذ بداية القرن الثامن عشر حتى الآن.

وبدأت الدولة في الإشراف عليها منذ عام 1939 واصدر لذلك عدة تشريعات نظمن العلاقة بينها وبين الحكومة ووفرت وسائل الرقابة والإشراف عليها حتى تمكنت هذه الجمعيات أو معظمها على الأقل من الوصول إلى مستوى مقبول من الكفاية وهو أن لم يبلغ المدى المطلوب قوة وشمولا إلا إنه كان أملا على طريق الغد المرجو، ولا جدال أن الجمعيات والمؤسسات الاجتماعية تمثل إرادة شعبية يتعين تنميتها والأخذ بيدها حتى تقوم بدورها الفعال في ميادين التنمية والرعاية.

وتميز هذه الجمعيات والمؤسسات بأنها أكثر إحساسا واستشعارا باحتياجات الجماهير والمجتمعات المحلية فهي تمثلها وتقوم على خدمتها وهي بحكم تكوينها ونظامها تكون من أعضاء يتطوعون بالعمل بهذه الجمعيات التي تتميز بقسط كبير من المرونة وحرية العمل، غير معتمدة بالبيروقراطية المتزمتة، وهي وان كانت تتحرك في نشاطها في إطار النظام الذي وضعته لوائح نظمها الأساسية إلا أن هذه اللوائح، والنظم يمكن تعديلها وتغيرها وفق الاحتياجات القائمة بسهولة ويسر.

وهكذا نجد أن الجمعيات الخيرية والمؤسسات الاجتماعية كتنظيمات أهلية قامت على ركيزة من دوافع الأهالي في التعاون لعمل الخير وإحساسهم بالمشاكل الاجتماعية السائدة في مجتمعات عجزت الحكومات عن مواجهتها بمجهودها المحدودة وفي وقت كان معظم نشاطها موجها لحفظ التوازن والاستقرار الداخلي.

بدأ تنظيم الجمعيات في مطلع القرن التاسع شر ومرت بعلاقتها بالحكومة بمراحل وفترات متعددة سوف نشير إلى بعضها.

مرحلة البدء في الإشراف على الجمعيات:

بدأت هذه المرحلة بإنشاء الوزارة الشئون الاجتماعية التي جاءت وليدة حركة اجتماعية قوية ظهرت بوادرها منذ عام 1930 وتداعمت قواعدها عندما أنشئت مدرستها الخدمة الاجتماعية بالإسكندرية والقاهرة وكان إنشاء هذه الوزارة دليلا على ما وصلت إليه مصر من نضج في الوعي الاجتماعي ومن رغبة في مسايرة الاتجاه نحو الإصلاح وقد صدر مرسوم الوزارة عام 1939 متضمنا الأسباب والدوافع التي لجأت إليها الحكومة إلى إنشائها وقد صور ذلك اصدق تصوير في ديباجة مرسوم إنشائها.

وقد قضى المرسوم أن تتولى الوزارة الوليدة الإشراف على المؤسسات الاجتماعية والنوادي والجمعيات والملاهي وأعمال السير والإحسان والجمعيات التعاونية والتعاون بمختلف صور وتحسين النسل وحماية الطفل والأسرة وغير ذلك من الأنشطة والبرامج أي انه بذلك أعطيت الوزارة سلطة التنظيم والإشراف والتوجيه في ميادين العمل المختلفة التي تستطيع أن تمارس فيها هذه السلطات والمسؤوليات.

فقد مارست وزارة الشؤون الاجتماعية حقها في الرقابة على أعمال الجمعيات بالتفتيش عليها للتأكد من التبرعات التي تجمعها من الجمهور إنما تخصص لتحقيق أهدافها وكذلك التأكد أنها تيسر وفق لوائح نظمها الأساسية وكان للأخصائيين الاجتماعيين الجدد الذي التحقوا بالعمل بالوزارة أثرا فعالا في تطوير أساليب العمل بال بالجمعيات وتنويع مجالاته وإيجاد وعي فكري يحرك الطاقات في طريق العمل المجدي مسترشدين بالأصول العلمية والفنية والمهنية.

وقد وجدت الوزارة أن هذا كله لا يجدي إلا إذا سائد هذه السلطات تشريع جديد يحدد معالم الإشراف وحقوق الوزارة والجمعيات وواجباتها والتزاماتها قبل الحكومة والتزامات الحكومة قبل الجمعيات والمؤسسات وفعلا صدر التشريع الجديد وهو القانون رقم 49 لسنة 1945 الخاص بتنظيم الجمعيات والمؤسسات الاجتماعية والتبرع للوجوه الخيرية ويعتبر هذا القانون إحدى علامات الطريق في التاريخ التطوري للرعاية الاجتماعية بمصر حيث جاء بأحكام جديدة من أهمها الآتي:

1. تعريف الجمعية بأنها كل جماعة من الافراد تسعى إلى تحقيق غرض من أغراض البر سواء كان ذلك عن طريق المعاونة المالية أو المعنوية وتعتبر مؤسسة اجتماعية كل مؤسسة تنشأ بمال يجمع كله أو بعضه من الجمهور تقوم بأداء خدمة إنسانية دينية أو علمية أو فنية أو صناعية أو وزراعية أو رياضية أو لأي غرض من أغراض البر أو منتفع العام، ويشترط في جميع الأحوال إلا بقصد إلى ربح مادي للأعضاء و إلا تكون أغراض الجمعية الخيرية أو المؤسسة الاجتماعية ووسائلها في تحقيق هذه الأغراض مخالفة للنظام العام أو الأمن العام.

2. وجوب تسجيل الجمعية أو المؤسسة الاجتماعية بوزارة الشئون الاجتماعية مع نشر قرار التسجيل الجريدة الرسمية.

3. لوزارة الشئون الاجتماعية حق الإشراف المالي والتفتيش على الجمعيات الخيرية والمؤسسات الاجتماعية للتثبيت من أن غلة أموالها وما تجمعه من اشتراكات وتبرعات إنما يصرف في أوجه البر والأغراض الاجتماعية المحددة في لائحة نظامها الأساسي.

4. لوزير الشئون الحق في طلب حل الجمعيات الخيرية والمؤسسات الاجتماعية إذا تبين أن أعمالها أصبحت غير محققة على وجه جدي للأغراض التي قامت من اجلها أو إذا ثبت أنها أصبحت عاجزة عن تحقيق الغرض الذي تسعى إليه أو إذا تصرفت في الأموال التي تحت يدها في غير الأوجه المحددة لها أو إذا رفضت لتفتيش عليها أو قدمت بيانات غير صحيحة بقصد

التضليل أو إذا خالفت لائحة نظامها الأساسي المسجل في وزارة الشئون الاجتماعية أو إذا وقعت منها ما يخالف لآداب والنظام العام في أعمالها ويتم الحل عن طريق المحطمة الابتدائية في دائرة مركز الجمعية.

5. إذا رأى القائمون على شئون الجمعية أو المؤسسة حلها وجب أن يصدر بذلك قرار من الجمعية العمومية للحاضرين على الأقل ولا يجوز التصرف في أموال الجمعية حينئذ إلا بترخيص من وزارة الشؤون الاجتماعية على الوجه المبين في نظامها الأساسي.
6. لا يجوز للأفراد أو الجماعات غير المسجلة جمع تبرعات من الجمهور بأي وسيلة كانت بقصد أنفاقها في احد وجوه البر والنفع العام إلا بترخيص سابق من وزارة الشئون الاجتماعية كما لا يحق للجمعيات والمؤسسات المسجلة جمع هذه التبرعات إلا في حدود الأغراض التي تعمل لها ولعد الحصول على الترخيص سابق من الوزارة ولا يجوز إدخال أي تعديل في الغرض من جمع المال ولا في نظامه ولا في سبيل إنفاقه المرخص به إلا بعد موافقة الوزارة.

هذا وقد قامت الوزارة بتعديل هذا القانون بمرسوم 357 لسنة 1952 واهم ما جاء في هذا التعديل أن أضيفت مادة جديدة بأن لوزير الشئون الاجتماعية أن يعين بقرار مسبب مجلس إدارة مؤقت للجمعية الخيرية أو المؤسسة الاجتماعية يتولى الاختصاصات المخولة لمجلس إدارتها، وعلى مجلس الإدارة المؤقت أن يدعو الجمعية العمومية للانعقاد في ظرف 60 يوما من تاريخ نشر تشكيله، وان يعرض تقريرا مفصلا عن حالة الجمعية أو المؤسسة وينتخب الجمعية العمومية في هذه الجلسة مجلس الإدارة الجديد وتكون قرارات مجلس الإدارة المؤقت في مدة الستين يوما المشار إليها ملزمة للجمعية أو المؤسسة ما دامت لا تخالف أحكام النظام الأساسي.

قانون رقم 384 لسنة 1956:

أصبحت الجمعيات مع انتشارها وتعدد مجالات عملها توجه الكثير من الصعوبات في تنظيم جهودها وأصبحت أيضا تواجه مشاكل متعددة لتعدد القوانين التي تنظمها وأصبح من الضروري توحيد أسلوب الإشراف عليها ومن اجل كله رأت وزارة الشؤون ضرورة إصدار تشريع جديد موحد يعالج أوجه القصور وبسد نواحي النقص التي وضعت خلال السنين الماضية وفعلا صدر قانون 1956 الذي استحدث العديد من الأحكام التنظيمية ومن أهما:

1. إعادة تحديد مفهوم الجمعية بأنها كل جماعة ذات تنظيم مستمر سواء معينة أو غير معينة تتألف من أشخاص طبيعية أو اعتبارية لغرض غير الحصول ربح مادي ويعتبر هذا لتعريف أكثر دقة وشمولا من التعريف السابق في القانون رقم 49 لسنة 1945.
2. النص صراحة على اتحادات تقوم بالتنسيق الخدمات التي تؤديها الجمعيات حسب احتياجات البيئة أو حسب توزيع الجمعيات على مختلف أنواع الرعاية الاجتماعية.
3. التحقيق بين مبدأ الرقابة على أعمال الجمعيات بما بتحقيق توجيهات وفقا لسياسية الوزارة والسياسة العامة للدولة ومبدأ حرية العمل لهذه الجمعيات بوسائلها الخاصة.
4. قصر جمع التبرعات من الجمهور على الجمعيات والاتحادات المشهورة بشروط خاصة مع استثناء دور القيادة التي تجمع المال عن طريق صناديق أو أسواق خيرية في مناسبات دينية.
5. العناية بالجمعيات ذات النفع العام وهي التي يقصد بها تحقيق مصلحة عامة بالنظر إلى طبيعة الخدمة التي تؤديها ومدى شمولها والفائدة التي تعود على المجتمع من تحقيقها أو الضرر المحتمل وقوعه من عدم تحقيقها على أن يصدر قرار من رئيس الجمهورية ما تتمتع به هذه الجمعيات من

اختصاصات السلطة العامة كعدم جواز الحجز على أموالها مثلا وجواز قيام الجهة الإدارية المختصة بنزع الملكية للمنفعة العامة التي تقوم بها الجمعية.

6. إعطاء الوزارة حق إدماج أو توحيد إدارة أو تعديل أغراض أكثر من جمعية ذات نفع عام لتحقيق غرض مشترك وذلك تبعا لاحتياجات البيئة ومقتضيات التنسيق.
7. اشتراط شروط معينة لعضوية مجالس إدارة الجمعيات ذات المسؤوليات الهامة في العمل الاجتماعي وذلك للارتفاع بمستوى قيادتها وإدارتها كي يكون العضو على "درجة معينة من التعليم أو الثقافة أو الخبرة أو يكون قد أتم برامج التدريب التي نظمتها الجهات الإدارية المختصة أو أن تكون مقيما في منطقة عمل الجمعية وله مصلحة جديدة فيها.

ويقول الأستاذ يحيى درويش في هذا الصدد أن الاتجاه إلى تنسيق الخدمات بين الجمعيات كان سابقا للقانون 384 لسنة 1956، حيث بدى في إنشاء مجالس باسم مجالس تنسيق الخدمات بالإسكندرية لسنة 1952 والى جانب هدف هذه الجالس أنشئت لتباشر دورها في التنظيم الجغرافي بين الجمعيات والمؤسسات بالمحافظات قامت أيضا بعض الاتحادات النوعية من الجمعيات المماثلة الأغراض للقيام بعملية التنسيق الوظيفي بين الخدمات الجمعيات التي تعمل في ميدان واحد مثل الاتحاد العام لرعاية الأحداث والاتحاد العام لجمعيات الاتحاد جمعيات الشبان المسحيين والمسلمين ثم توقف المضي في إنشاء هذه الاتحادات انتظارا للتطوير الشامل المرتب في المرحلة القادمة.

القانون رقم 32 لسنة 1964:

لقد استحدث هذا القانون أحكاما جديدة تسير جنبا من اتجاهات تطور المجتمع نحو الإيديولوجية الاشتراكية لتحقيق الآتي:

أ. تمكين الجمعيات من العمل على مستوى القيادة الحقيقة التي تحس بمطالب الجماهير وتعبر عنها وتوجد وسائل لتحقيقها وتجمع قوى الشعب وراءه الجهود المحققة لها.

ب. الالتزام مبدأ التخطيط العلمي الاشتراكي في سياسة العمل بالجمعيات عن حيث انه لضمان لحسن استغلال الإمكانيات والطاقات الموجودة والمحتملة والسبيل إلى تنظيم مساهمة الجمعيات مع الدولة في توسيع نطاق الخدمات بحث تصل كما ونوعا إلى كل مستحق لها تحقيقها لمبدأ تكافؤ وعدالة توزيع الخدمات بين المواطنين.

ج. مواجهة مجالات العمل الاجتماعي بأكبر قدر ممكن من الطاقات المعبأة والجهود الموجهة ذاتيا من اجل المساهمة الايجابية على مستوى القاعدة الجماهيرية الواسعة للوصول إلى أهداف المجتمع الاشتراكي وإيجاد الحلول الذاتية لمشاكل الجماهير بمعاونة لجماهير نفسها.

أهم فوائد قانون 32 لسنة 1964 تتلخص فيما يلي:

1. إضافة قيد جديد لمفهوم الجمعية وهو لا يقل عدد الأشخاص الطبيعيين الذين تتألف منهم الجمعية عن عشرة أشخاص وذلك أصبح تعريف الجمعية في هذا القانون كل جميعه ذات تنظيم مستمر لمدة معينة تتألف من أشخاص طبيعيين لا يقول عدهم عن عشرة أو من أشخاص اعتبارية لغرض غير ربح مادي.
2. إعفاء الجمعيات من رسوم التسجيل التي تقع عبء أدائها عليها في عقود الملكية والرهن والعقود الخاصة بالحقوق وكذلك رسوم التصديق على التوقيعات وإعفائها من رسوم المدموغة على جميع العقود والمطبوعات والمحررات والسجلات وغيرها من الرسوم الجمركية المفروضة على ما تستورده من معدات وأدوات لازمة لنشاطها ومنحها تخفيضا قدره 25% من أجور نقل المعدات والآلات اللازمة لها على السكك الحديدية ويعتبر هذا نوعا من الإعانات غير المباشرة من الدولة لهذه الجمعيات اعترافا بدورها في الخدمة العامة وتشجيعا لها على المضي في أداء رسالتها وتحقيق أغراضها.

3. توسيع سلطة الرقابة على الجمعيات من جانب الجهة الإدارية المختصة لضمان سيرها في طريق تحقيق أهدافها في حدود الأغراض التي قامت من أجلها.
4. توثيق علاقة هذه الجمعيات والمؤسسات بأجهزة الإدارة المحلية فقد أوكل لمجالس القرى والمدن والمحافظات اختصاصات معينة في تنفيذ هذا القانون.
5. تنفيذ قيامها بمباشرة الخدمات الإيوائية لبعض الفئات الخاصة كالأحداث والمسنين والمعاقين أو اوجب القانون ضرورة الحصول على ترخيص بذلك من مجلس المحافظة المختص بعد التأكد من استيفاء المواصفات والمستويات العامة بقرار من وزير وذلك لضمان توافر الأسس التي تحقق أداء هذه الخدمات الأساسية في مستواها المناسب.
6. فصل الروابط العمالية من الجمعيات والروابط الاجتماعية وخطر شهر الأولى طبقا لهذه القانون باعتبارها هيئات نقابية أو منظمات عمالية.
7. توثيق وتأكيد الربط بين الجمعيات والاتحادات الإقليمية والنوعية وتمكين هذه الاتحادات من القيام بوظائفها التخطيطي وتنسيقا والتوجيهية في جميع مجالات العمل الاجتماعي ولعل هذه هي ابرز سمات هذه المرحلة وفيها الوزارة بتشكيل هذه الاتحادات على مستوى المحافظات ومستوى الجمهورية بدأت عم تكون الاتحاد الجمعيات والمؤسسات باعتباره قيمة الأجهزة التنظيمية على مستوى الجمهورية كلها.
8. إعطاء الفرصة المتجدة لتكوين صفوف جديدة من القيادات بالجمعيات بصفة مستمرة وذلك بتحديد عضوية مجلس الإدارة لمدة ثلاث سنوات على أن يتجدد انتخاب ثلث الأعضاء كل سنة طريق القرعة ولا يجوز في جميع الأحوال أن تزيد مدة العضوية عن خمس سنوات متتالية كما لا يجوز إعادة انتخاب من انتهت عضويته بمضي هذه المدة أو الأسقف له قبل مرور سنة من تاريخ انتهاء عضويته وقد عدا هذا النص عام 1972.
9. إحلال الجمعيات ذات الصفة العامة محل الجمعيات ذات النفع العام في القانون السابق والجمعية ذات الصفة العامة هي كل جمعية يقصد بها

تحقيق مصلحة عامة وبصدر قرار من رئيس الجمهورية بسحب الصفة العامة من هذه الجمعيات وقد كفل هذا القانون ولهذا النوع من الجمعيات حماية خاصة فهي تتمتع بقرار من رئيس الجمهورية باختصاصات السلطة العامة كعدم جواز الحجز على أموالها أو بعضها وعدم جواز تملك هذه الأموال بمضي المدة وجواز قيام الجهة الإدارية المختصة بنزاع الملكية المنفعة العامة التي بها الجمعية كما أن هذا القانون وضع هذه الجمعيات وضعا خاصا فأجاز لوزير الشئون الاجتماعية أن يعهد إليها بإدارة المؤسسات التابعة للوزارة أو تنفيذ بعد مشروعاتها وذلك انتفاعا بمجهودها رائدة في قطاعات العمل الاجتماعي.

القانون رقم 8 لسنة 1972:

صدر هذا القانون بغرض تعديل أحكام القانون رقم 32 لسنة 1964 متضمنا منح بعض المزايا للجمعيات المشهرة خاصة بتخفيض قيمة استهلاك المياه والكهرباء وأجور نقل المعدات والآلات على السكك الحديدية والأعفاء من رسوم التسجيل ورسوم الدمغة والرسوم الجمركية المفروضة على الهيئات والمعونات ما تستورده الجمعية من معدات وأدوات لازمة لنشاطها كالنص التعديل على أن مدة عضوية مجلس الإدارة ثلاث سنوات ويجوز إعادة انتخاب من تنتهي عضويته وبذلك عضو الإدارة أن يبقى في المجلس لمدة غير محددة كما نصت المادة الثانية على أن لوزير الشئون الاجتماعية بناء على طلب الجمعية أن ينتدب من يختاره من موظفي الوزارة القديم المعاونة اللازمة لأداء رسالتها والمدة التي يحددها وبذلك أصبح الوزارة دورا هاما في منح المعونة الفنية فضلا عن المساعدة المالية.

أولاً: السياسة الحكومية في تدعيم الجمعيات وتطوير أنشطتها:

بالإضافة للقوانين السابقة ذكرها كان للحكومة جهود في إيجاد سياسة واضحة للجمعيات وهي:

أ. التوزيع الصحيح لأموال الدولة بما فيها أموال القطاع الخاص في مختلف قطاعات الخدمات والإنتاج.

ب. التنسيق بين مختلف الأجهزة التنفيذية على مختلف المستويات المحلية والمركزية.

ج. التجديد في البرامج لمواجهة المشكلات التي استدعى حلها بالوسائل التقليدية.

د. الشعبية بأن يشارك الشعب بآرائه وخيراته في وضع أسسها وتحديدها أهدافها وجهود في تنفيذ برامجها ومراقبة هذا التنفيذ.

ه. الديمقراطية بأن تكون الكلمة الأخيرة في توجيه هذه السياسة أو تعديل مسارها للشعب ذاته تأكيدا لسيادته بما يجعلها أكثر صدقا في التعبير عن احتياجاته.

و. التقدمية: بمعنى أن تلتزم هذه السياسة بمبدأ الوصول بالحياة الاجتماعية إلى المستوى الأفضل دائما الذي يعبر عن روح العصر وآمال المستقبل، سياسة لا تنفصل عن الماضي ولكنها امتداد له على طريق الارتقاء وصولا إلى المستوى الأفضل دائما.

ز. الواقعية: حق يمكن تطبيقها منهجيا وترجمتها إلى خطط وبرامج مشروعات إلا أصبحت مجرد أفكار تحلق في الأجواء ولا تهبط إلى مستوى التنفيذ.

ح. الإنسانية في وقيمتها وأهدافها وفي برامجها ومنهج تنفيذها بل وفي الحكم لها أو عليها، فمع خوضها لحكم العقل وقواعد العلم يجب أن تمتد أيضا إلى ضمير الإنساني لتستلهم حكمة فترقي بذلك إلى مستوى الواجب الذاتي الذي يحرك الجهود تلقائيا لأدائها مع الشعور بالرضا عند إتمام هذا الأداء وبهذا نتحاشى أن تكون السياسة أمرا يقبل المخالفة أو سياسة عقل يقبل الجدل والمناقشة فقط بل سياسة ضمير أيضا يقتنع ويلزم ويدفع إلى الاستجابة والتنفيذ.

ثانياً: تعديل القانون 37 لسنة 1964:

كان من الضروري تعدل هذا القانون الخاص بالجمعيات والمؤسسات الخاصة في بعض أحكامه التي تحد من نشاط أعضاء وانطلاقهم كقصر المقطوع على مجلس إدارة جمعية واحدة وتعمل في ميدان واحد ألا بإذن من الجهة الإدارية المختصة، وكذلك فيما ورد في بعض أحكام باب العقوبات من القانون فيما يختص بمسئولية أعضاء مجلس الإدارة في أموالهم الخاصة عن تعريض كافة الأضرار المادية التي تحلق بالجمعية أو المؤسسة على أن تكون هذه المسؤولية قاصرة على من اخل بنظام الجمعية أو عرضها للأضرار المادية وغير هذا من الأحكام التي من شأنها عدم تشجيع المواطنين على الأفعال على الحركة القطوعية بكل ما لديهم من حماس وإدارة هذا العمل على أن تكون عضوية الجمعيات في الاتحادات الإقليمية إجبارية.

1. زيادة الاعتمادات المالية المخصصة لإعانة الجمعيات والمؤسسات الخاصة كأجهزة مساعدة لوزارة الشؤون الاجتماعية فيما تقوم به من خدمات تقضي الأمر توحيد كافة الضرائب المفروضة لصالح أعمال البر ومراجعتها وفرض ضريبة اجتماعية على المواطنين القادرين تخصص مصلحتهما لصالح صندوق الإعانات الذي نص القانون رقم 32 لسنة 1964 منه وبذلك يمكن توفير المال اللازم يساند الجهود التطوعية ويؤازرها فمن الملاحظ أن هذه الهيئات الأهلية تستطيع تدبير ثلاثة أمثال ما يصرف لها من إعانات على الأقل.
2. يتعين أيضا مراجعة أحكام القانون فيما يخص بالاتحادات النوعية والإقليمية والتحاد العام وإزالة التضارب والتكرار في الاختصاصات التي لا تنفذ لأن الجهة الإدارية هي المسؤولية عنها طبقا للأوضاع الحالية.

هذا ويقدم الأستاذ يحيى درويش مقترحات فيما يختص بتعديل القوانين فيما يختص بتعديل القوانين الخاصة بالجمعيات في الآتي:

1. إن يكتفي بتشكيل الاتحادات الإقليمية مع تعديل اختصاصاتها حسب الواقع الذي يمكن تنفيذه على ان تتحول الاتحادات النوعية الى لجان فنية على مستوى عال تعمل في كنف الاتحاد العام وتغذيه بالتقارير الفنية والمساعدات الاجتماعية ورعاية المسنين والفئات الخاصة والمعوقين وتنمية المجتمعات المحلية وغيرها وبهذا نقضي على الكثير من الركود الظاهر في أعمال هذه الاتحادات.

2. التوسع في تطبيق المادة الثانية من أحكام القانون رقم 8 لسنة 1972 بشأن تعديل بعض أحكام القانون 32 لسنة 1964 بشأن الجمعيات والمؤسسات الخاصة التي تنص على إن الوزير الشئون الاجتماعية بناء على طلب الجمعية ينتدب من يختاره من موظفي الوزارة لتقديم المعاونة اللازمة لأداء رسالتها والمدة التي يحددها الملاحظ إن هذه المادة لم تطبق الى المدى المرجو وهذا القانون والتي تعتبر اساسا للانطلاق في تطوير أعمال هذه الجمعيات من الناحية الفنية.

3. تعميم مكاتب التطوع في كل محافظة ويستحسن إنشاءها في كنف الاتحاد الإقليمي على إن تتولى هذه المكاتب الاهتمامات الآتية:

أ. وضع نظام التدابير المتطوعين للعمل الاجتماعي بفروعه وميادينه المختلفة عن طريق التوعية.

ب. تدريب هؤلاء المتطوعين في شتى فروع العمل اللازم ووضع نظام وأسلوب الرقابة والإشراف عليهم وتقويم أعمالهم.

ج. تغذية الجمعيات والمؤسسات بجهود هؤلاء المتطوعين كل لما يصلح له.

د. مؤازرة حركة التطوع وتشجيعها بوجه عام وتكوين رأي عام حولها كحركة قومية حتمية.

4. إعادة النظر في أسلوب تنفذ قانون الخدمة العامة وهذا القانون ينادي بفلسفة لا اعتراض عليها ولكن يمكن توجيه طاقة خريجي الجامعات الذين ينطبق عليهم هذا القانون وتكليفهم بالعمل في أحد الميادين ذات الصفة القومية كحركة مكافحة الأمية بين البالغين أو تنظيم الأسرة أو الحركة

الكشفية أو تعميد المدن الجديدة وذلك بعد أعطائهم التدريب الكافي الذي يعمل بالعمل في أي من هذا الميادين.

5. إزالة المعوقات التي تحد من نشاط المرأة المصرية للتطوع في ميدان العمل الاجتماعي نتيجة للتغير الاجتماعي الملحوظ للمجتمع المصري " كخروج المرأة " للعمل وصعوبة التوفيق بين واجباتها في الأسرة ومسئولياتها تجاه العمل وبذلك تستطيع تجنيد طاقات هائلة يستفاد منها في العمل الاجتماعي خصوصا في هذا الوقت الذي تواجه فيه صعوبة إيجاد الصفوف الثانية والثالثة للتصدي للعمل الاجتماعي التطوعي.

6. العمل على إنشاء الاتحاد الأفريقي والجمعيات والمؤسسات الخاصة ينضم الى عضويته مختلف الاتحادات الموجودة في بعض الدول على إن يكون من اختصاص هذا الاتحاد التخطيط على المستوى الإقليمي وينظم علاقات الجمعيات بالهيئات الدولية، وضع أسس هذا التنظيم وإنشاء المشروعات الإنشائية التي تخدم الأغراض المشتركة.

7. إن تعمل الدولة على ترشيح الهيئات الاجتماعية المصرية التي تنضم الى الأمم المتحدة ووكالاتها المتخصصة كهيئات ذات صفة استشارية وبهمنا إن نشير الى أنه لا توجد هيئة مصرية عالية مؤهلها لهذه العضوية.

8. حث جميع الجمعيات التي تعمل في قطاعات نوعية على الانضمام للاتحادات الدولية او الهيئات الدولية المناظرة كالاتحاد الدولي لرعاية الطفولة وغيرها، ومثل هذه العضوية تمكن هذه الهيئات من الانتفاع بالمعونات المالية والخبرات الفنية لهذه الهيئات الدولية.

9. التوسع في البعثات الدراسية وتبادل الزيارات والحصول على المنح الدولية من الدول الصديقة، وعقد المؤتمرات العربية والإفريقية التي تبحث عن مجالات العمل الاجتماعي المختلفة ومثل هذه المحاولات إنها تعاون على تفهم جديد ليس فقط على المستوى القومي بل على المستوى العربي والأفريقي والدولي وانعقاد مؤتمرات وزراء الشئون الاجتماعية العرب والإفريقيين مؤشرا صحي في هذا الاتجاه.

غير انه يجب إن تشير انه في عقد المؤتمرات وتبادل الزيارات يجب ألا ننسى المتطوعين للعمل في الجمعيات والمؤسسات، ولا نقصر هذا على موظفي الحكومة فقط.

10. تحقيق مزيد من الاستفادة من هيئة الأمم المتحدة وهيئة اليونيسيف ومنظمة الصحة العالمية وهيئة اليونسكو، والانتفاع بمصلحتها الفنية والعينية والمالية، ويهمنا إن نقرر إن الهيئات الأهلية لها الحق في الحصول على هذه المساعدات أسوة بالقطاعات الحكومية ما دامت الوزارة المختصة تقر هذه المساعدة وتؤيدها.

تنظيم الهيئات الأهلية:

منذ بداية وزارة الشئون الاجتماعية العلاقة وثيقة بين الدول والنشاط الاجتماعي الأهلي بوصفه أداة المجتمع لتحقيق التكافل الاجتماعي، ولذلك عملت وزارة الشئون الاجتماعية على دعم النشاط الأهلي التطوعي في المجتمع ولم تحاول إن تقلل من أهمية ذلك بل حاولت إعطائه دفعة قوية للأمام من حيث وجود صورة العلاقة بينها وبين النشاط الأهلي بما يحقق هذا الهدف وكانت بداية هذه العلاقة إشرافية على الجمعيات والمؤسسات الاجتماعية، ولكن ما هو مضمون الإشراف هل نعني به النواحي الفنية في العمل، أم النواحي المادية أم انه نوع من الرقابة من قبل الدولة على هذا النشاط؟ ولذلك صدر أول قانون ينظم العلاقة بين الوزارة الشئون الاجتماعية والنشاط الأهلي (بين الحكومة والقطاع التطوعي(تحت رقم 49 لسنة 1945, وقد كان له الفضل في:

1. تثبيت العلاقة بين الجمعيات والمؤسسات بوزارة الشئون الاجتماعية.
2. تحديد معالم هذه العلاقة تحديدا ثبت الدعائم والأسس التي قامت عليها التشريعات المناظرة التي صدرت فيها بعد.

3. إطلاق الفرص أمام هذه المنظمات لطرق أفاق جديدة في ميادين العمل الاجتماعي لم يكن لها وجود في مصر بفضل توافر التوجيه الفني الذي أتاحته الوزارة للمشتغلين بهذه الهيئات.

4. كان لهذا القانون الفضل في وضع الأسس الجديدة التي جاءت في تعديلات هـذا القانون أو القوانين التالية عام 1965، 1964، 1972، مـن حيث التنظيم والتنسيق والتمويل والمعونـة الفنية للجمعيات والمؤسسات.

ولقد عرف القانون المنظمات التي تعمل في النشاط الأهلي على الوجه التالي:

الجمعية الخيرية:

كل جماعة من الأفراد تسعى الى تحقيق غرض من أغراض البر سواء أكان ذلك في طريق المعاونة المادية أو المعنوية.

بينما تجد إن قانون 32 لسنة 64 يعرفها على أنها:

"كل جماعة ذات تنظيم متسمر لمدة معية أو غير معينة تتألف من أشخاص طبيعيين لا يقل عددهم عن عشرة أو أشخاص اعتباريين لغرض غير الحصول على ربح مادي".

المؤسسة الاجتماعية:

وتعتبر المؤسسة اجتماعية كل مؤسسة تنشأ مجال يجمع كله أو بعضه ين الجمهور لمدة معية أو غير معية، سواء كانت هذه المؤسسة تقوم بأداء خدمة إنسانية دينية أو علمية أو فنية أو صناعية أو زراعية أو رياضية أو لأي غرض آخر من أغراض البر والنفع العام.

بينما تجد إن قانون 32 لسنة 1964 يعرفها على أنها:

"شخص اعتباري ينشأ بتخصيص مال لمدة معينة العمل ذي صفة إنسانية أو دينية أو علمية أو فنية أو لأي عمل آخر من أعمال البر والرعاية الاجتماعية دون قصد إلى ربح مادي".

أما بالنسبة لجمعيات النفع العام كنوع من تجميع الجهود الأهلية والحكومية جنبا إلى جنب للاستفادة من مميزات كل منها ومعالجة سلبياتها فيمكن تعريفها كالآتي:

الجمعية ذات النفع العام:

"وهي تلك الجمعية التي يتحقق من إنشائها مصلحة عامة ويصدر بها قرار من الدولة باعتبارها كذلك ويدخل في جديد مدة الصفة عدة اعتبارات منها طبيعة الخدمة ونوعها ومشمول الفائدة التي تعود على المجتمع من وجود الجمعية وفي مقابل هذه الصفات تمنح هذه الجمعيات بعض المزايا مقدمتها عدم جواز حجز على أموالها، وعدم جواز تملك أموالها بمضي المدة.

كان إن القانون وضع عدة ضوابط لضمان تحقيق هذه الهيئات الأهلية دون التعرض لمواقف تعطل مسيرتها لذلك اشترط في بعض مواده على الآتي:

مادة 2 كل جمعية تنشأ مخالفة للنظام العام أو الآداب أو لسبب أو لغرض غير مشروع أو إن يكون الغرض منها المساس بسلامة الجمهورية أو بشكل الحكم الجمهوري أو نظامها الاجتماعي تكون باطلة.

مادة 3 كما يشترط القانون في إنشاء الجمعية إن بوضع لها نظام مكتوب موقع عليه من المؤسسين ويجب ألا يشترك في تأسيسها أو ينظم الى عضويتها أي من الأشخاص المحرومين من مباشرة الحقوق السياسية إلا بتصريح من الجهة الإدارية المختصة.

أولاً: لائحة النظام الأساسي للمؤسسات الأهلية:

مجموعة القواعد والأحكام المنظمة لعمل الجمعية وعلاقاتها بالجهة الإدارية وكيفية تحقيق أهدافها:

وقد نص القانون 64/32 على ضرورة اشتمال لائحة النظام الأساسي على البيانات التالية:

1. اسم الجمعية: نوع ميدان نشاطها، نطاق عملها الجغرافي ومركز إدارتها على إن يكون في مصر - ولا يجوز لأي جمعية إن تتخذ تسمية يدعو ليس بينها وبين الجمعية الأخرى تشترك معها في نطاق عملها الجغرافي.

ويراعي في اختيار اسم الجمعية الاختصار والسهولة والبساطة والتعبير عن طبيعة أهداف المؤسسة دون المساس بكرامة العملاء كما إن تحديد مجال النشاط يرتبط بحاجة المجتمع ويحد - بطريقة واضحة مرنة تسمح المؤسسة التوسع في خدماتها مستقبلا دون الحاجة الى تعديل نظامها الأساسي.

2. اسم كل من الأعضاء المؤسسين، لقبه، سنه، مهنته، محل أقامته وذلك حتى التأكد للجهة الإدارية (وزارة الشئون الاجتماعية) من إن الأعضاء المؤسسين ممن تتوفر فيهم السمعة الطيبة، ومن ذوي العلاقة بمجال نشاط الجمعية بما يضمن الجدية واستمرار العمل في الجمعية بعد حصولها على الإشهار.
3. موارد الجمعية وكيفية استغلالها والتصرف فيها: لضمان توفير الموارد المناسبة لتحقيق الأهداف وعدم الاعتماد على المساعدات الحكومية، وتحقيق مستوى مقبول بخدمة العملاء وعدم استفادة القائمين على الجمعية بصفة شخصية من واردها.
4. الأجهزة التي تمثل الجمعية، اختصاصات كل منها، وكيفية اختيار أعضائها، وطرق عزلهم أو إسقاط أو إبطال عضويتهم والنصاب اللازم لانعقاد

الجمعية العمومية ومجلس الإدارة، والأجهزة الأخرى الممثلة للجمعية والنصاب اللازم لصحة قراراتها.

5. نظام العضوية وشروطها وحقوق أعضاء وواجباتهم وعلى الأخص حق حضور الجمعية العمومية والتصويت فيها، وطبيعة العضوية في هذه الأجهزة تتحدد وفقا للقانون "وتبعا للاشتراطات الخاصة بالجمعية وطبيعة أهدافها ومن أمثلتها الشروط المالية التي تحدد قيمة الاشتراك للعضوية بفئاتها المختلفة وشروط الديانة بالنسبة للهيئات والجمعيات الدينية، وكذلك شروط التمتع بالحقوق المدنية لبعض فئات العضوية.

وقد جرى العرف على إن تتضمن العضوية الفئات التالية:

أ. العضو العامل: وهو الذي يتمتع بحق الترشيح لعضوية إدارة الجمعية أو المؤسسة بناء على توافر شروط خاصة تحتمها الجمعية.

ب. العضو المنتسب: هو عضو ليس له حق الترشيح لمجلس الإدارة ويتمتع بحقوق ومزايا عضوية أقل من نسبيا من العضو العامل بسبب عدم انطباق كل شروط العضوية العاملة التي تنص عليها لائحة الهيئة عليه.

ج. العضو الفخري: وهو العضو الذي يتمتع بالعضوية مقابل ما قدمه أو يقدمه من خدمات أدبية أو مادية تسير للهيئات القيام بأعمالها، وهي عادة لا تتمتع بحق الترشيح لعضوية مجلس الإدارة ولا حق حضور الاجتماعات الجمعية العمومية، إما إذا كان العضو الفخري عضوا بمجلس الإدارة فإنه يتمتع بحق المناقشة ولكن ليس له حق التصويت.

د. عضو زائر: وهو العضو الذي يتعاطف مع أغراض الهيئة ويؤمن برسالتها ولكن لا يستطيع إن يزاول نشاطه بها بسبب عدم أقامته في منطقة نشاطها.

6. نظام المراقبة المالية: يجب إن تتضمن لائحة النظام الأساسي لنظام المراقبة المالية المناسبة الذي يتضمن عدم تبديد أموال الجمعية أو احتجازها دون استثمار، على أساس إن المال هو عصب الحياة في المنظمة.

7. كيفية تعديل نظام الجمعية إدماجها أو تكوين فروع لها على أساس إن احتياجات المجتمع في تغير مستمر وان استمرار الجمعية من إشباعها لاحتياجات الناس وضمانا لعدم التكرار أو الازدواجية مع الجمعيات الأخرى أو التوسع في النشاط.
8. مواعيد حل الجمعية والجهة التي تؤول إليها أموالها: ضمانا لتوظيف موارد المجتمع مرة أخرى لصالح واستمرار والدعم للنشاط الاجتماعي في المجتمع.

وتتضمن اللائحة التنفيذية للقانون نظاما نموذجيا يجوز للجمعيات إتباعه في أعداد النظام بوصفه احد اشتراطات إشهار الجمعية.

ثانياً: الجمعية العمومية:

تعتبر الجمعية العمومية أعلى سلطة في الجمعية أو المؤسسة بحكم القانون وتتكون من أعضاء العاملين الذين أوفوا الالتزامات المفروضة عليهم وفقا للنظام الأساسي للجمعية ومضت على عضويتهم مدة ست أشهر على الأقل، يستثنى من هذه المدة أعضاء جمعيات الطلبة في معاهد التعليم.

إما إن الجمعية العمومية وبحكم القانون تتكون من الأعضاء العاملين (عضوية عاملة) في الجمعية أو المؤسسة والذي يتمتعون بكامل حقوق العضوية ولهم حق الترشيح لمجلس الإدارة أو التصويت لقرارات الجمعية واشتراط انقضاء مدة 6 شهور على العضوية للتأكيد من العضوية عدم استغلالها لكسب أصوات للتأييد أو الترشيح لعضوية مجلس الإدارة، كما إن هذه المدة تجعل العضو متفهما لسياسة المؤسسة أو الجمعية بحيث يصبح من السهل عليه إن يسهم بفاعلية في أعمالها.

وتنعقد الجمعية العمومية عادة في مقر الجمعية مرة كل عام إن كان يجوز لمجلس الإدارة إن يدعو الجمعية العمومية للانعقاد وفي مكان آخر ويحدد في خطاب الدعوة ويتم هذا عادة عندما يكون عدد الأعضاء المشتركين كبيرا إلا يستمع له مقر الجمعية، ويكون الاجتماع العادي خلال الثلاث أشهر الحالية لانتهاء

السنة المالية للجمعية وذلك للنظر في الميزانية والحساب الختامي وتقرير مجلس الإدارة من أعمال السنة وتقرير مراقب الحسابات وانتخاب أعضاء مجلس بدلا من الذين أنهت عضويتهم وتعيين مراقب الحسابات.

ويعتبر جدول أعمال الجامعة العادية تابعا لا يحق إن تنظر الجمعية العمومية في غير ذلك بالنسبة للاجتماع العادي، من منطاق إن دور الجمعية العمومية مجرد صياغة السياسات العامة، للتأكد من سير المنظمة نحو أهدافها، ونظرا لأن حجم الجمعية العمومية الذي يصل أحيانا إلا الآلاف لا يسمح للمجتمعين بغير ذلك.

ويمكن تتعقد الجمعية العمومية بصفة غير عادية للنظر في تعديل نظام الجمعية أو حلها أو ادماجها مع غيرها أو عزل أعضاء مجلس الإدارة أو لغير ذلك من الأسباب تنعقد الجمعية العمومية للاجتماع غير العادي بناء على دعوة مجلس الإدارة أو بناء على طلب يتقدم به للمجلس الإدارة كفاية مع الأعضاء الذين لهم حق حضور الجمعية العمومية أو مائتان منهم أيهما أقل مع بيان الغرض من ذلك، كما تعقد يناء على دعوة الجهة الإدارية المختصة (وزارة الشئون الاجتماعية) إذا رأت ضرورة لذلك وبعد اخذ موافقة الاتحاد المختص كما يجوز لها ذلك إذا لم يستجيب المجلس لطلب المشار إليه.

وفي جميع الأحوال يجب إن تبلغ الجهة المختصة والاتحاد المختص بكل اجتماع للجمعية العمومية قبل انعقاده بأسبوعين على الأقل وبصورة من خطاب الدعوى وجدول الأعمال ولكل منها إن يندب من يحضر الاجتماع، وتجوز الإنابة في حضور الاجتماع رفقا للنظام الأساسي لجمعية ولكن لا يجوز إن ينوب العضو عنه أكثر من واحد.

وبالنسبة لصحة انعقاد الجمعية العمومية تنص المادة 40 لا يعتبر اجتماع الجمعية العمومية صحيحا إلا بحضور الأغلبية المطلقة لأعضائها فإذا لم يكتمل

العدد اجل الاجتماع الى جلسة اخرى تعقد خلال مدة أقلها ساعة وأقصاها 15 يوما تبا لما يحدده النظام الأساسي للجمعية ويكون الاجتماع في هذه الحالة صحيحا أذا حضره بأنفسهم عدد لا يقل عن 10% من الأعضاء أو مائتان أيهما أقل بحيث لا يقل عدد الحاضرين عن 8 أشخاص.

وأما بالنسبة لصحة قرارات الجمعية العمومية: تنص المادة (42): تصدر القرارات بالأغلبية المطلقة للأعضاء الحاضرين إلا إذا نص نظام الجمعية على أكثر من ذلك وتصدر القرارات بالأغلبية ثلثي الأعضاء فيما يختص بتقرير حل الجمعية أو إدخال تعديل في نظامها يتعلق بغرض الجمعية أو عزل أعضاء المجلس الإدارة وكذلك فيما يتعلق باندماج الجمعية في غيرها، وكل ذلك ما لم يرد في نظام المؤسسة نص يشترط أغلبية أكثر.

ولا يجوز لعضو الجمعية العمومية الاشتراك في التصويت إذا كان موضوع القرار المعروض إبرام اتفاق معه أو رفع دعوى عليه أو إنهاء دعوى بينه وبين الجمعية وكذلك كلما كانت له مصلحة شخصية في القرار المطروح فيما عدا انتخاب أجهزة الجمعية.

كما يجب إبلاغ من الجهة الإدارية المختصة والإتحاد المختص بصورة من محضر اجتماع الجمعية العمومية خلال 15 يوميا من تاريخ الاجتماع.

ثالثاً: مجلس الإدارة:

هو الجهاز المنتخب الذي يتولى إدارة الهيئة، ولا يجوز الجمع بين العضوية فيه والعمل بأجر في الهيئة، كما لا يجوز الجمع بين عضوية مجلس الإدارة في أكثر من هيئة تعمل في ميدان واحد (إلا بإذن من الجهة الإدارية) ويوكل الى مجلس الإدارة أمر الإشراف على أعمال الجمعية المالية والإدارية والفنية وتكون في ذلك كله أمام الجمعية العمومية والجهة الإدارية المختصة.

ومجلس الإدارة هو بمثابة إدارة الجمعية العمومية في إدارة المؤسسة أو الجمعية حيث إن الجمعية العمومية هي أعلى سلطة في الجمعية، لكن عدم تفرع أعضائها وكبر الحجم يحول دون متابعتهم الأعمال بأنفسهم وعن قرب، ولذلك يتخذون من مجلس الإدارة بوصفة يضم أعضاء يفوضونهم بعض سلطاتهم أداة لإدارة المشروع نيابة عنهم.

علاقة الجمعية العمومية بمجلس الإدارة:

1. يعتبر مجلس الإدارة أداة ووسيلة الجمعية العمومية ومن ينوب عنها في إدارة الجمعية أو المؤسسة.
2. يعتبر مجلس الإدارة سلطاته بالتفويض من الجمعية العمومية أو المؤسسة أمام الجمعية العمومية أو الجهة الإدارية.
3. يتولى مجلس الإدارة تعيين مراقب الحسابات والمدير المنفذ وتابعة أعمالها.
4. يقوم مجلس الإدارة بإعداد التقارير العامة عن نشاط الهيئة وخاصة الحساب الختامي ومشروع الميزانية الذي سوف يعرض على الجمعية العمومية.
5. مجلس الإدارة هو مستوى اداري وحلقة الوصل بين الإدارة العليا المتمثلة في الجمعية العمومية والإدارة الوسطى في الجمعية أو المؤسسة.
6. إذا كان من حق الجمعية العمومية انتخاب مجلس الإدارة فإنه لها الحق أيضا في حل مجلس الإدارة أو عزله.
7. تفوض الجمعية العمومية الإدارية كافة السلطات ما عدا سلطة حل الجمعية أو إدماجها أو تعديل نظامها لأساسي وأهدافها.

ويراعي في تكوين مجلس الإدارة الاعتبارات التالية:

- إن يعبر المجلس عن نوعية نشاط الجمعية أو الهيئة من حيث توافر الخبرات المناسبة لطبيعة أهداف الهيئة.

- تجديد العضوية في مجلس الإدارة باستمرار حتى تضمن دخول أفكار جديدة تسمح بالتجديد والابتكار في حياة الهيئة.
- أن يضمن فيه تمثيل المرأة بوصفها نصف المجتمع كما إن وجودها في المجلس يجعله أكثر فاعلية لأنه يضمن التعبير عن كافة مشكلات المؤسسة والمجتمع بواقعية.

ويمكن إن نجمل أهم أعمال مجلس الإدارة فيما يلي:

1. إدارة شئون الهيئة الإدارية والفنية، وإعداد اللوائح الداخلية لها مع الاسترشاد النماذج التي تعادها وزارة الشئون الاجتماعية، على إن تقرر هذه اللوائح الجمعية العمومية.
2. تكوين اللجان التي يراها المجلس لازمة لمن سير العمل وتحديد اختصاصات كل منها.
3. تعيين العاملين اللازمين للعمل وتأديبهم وفصلهم، ويجوز للمجلس الإدارة بعد موافقة مديرية الشئون الاجتماعية المختصة إن يعين مديرا من أعضاء المجلس أو من غير أعضائه يفوضه التصرف في أي شأن من الشئون الداخلة في اختصاصاته.
4. إعداد الحساب الختامي عن السنة المالية المنتهية ومشروع الميزانية من العام الجديد، والتقرير السنوي وذلك لعرضها على الجمعية العمومية في دور انعقادها السنوي على إن تخطر مديرية الشئون الاجتماعية بمشروع الميزانية قبل عرضه على الجمعية العمومية بشهر على الأقل.
5. دعوة الجمعية العمومية العادية وغير العادية طبقا للقانون وتنفيذ قراراتها.
6. مناقشة تقرير مراقب الحسابات واعداد الرد على ما جاء من ملاحظات وعرضها على الجمعية العمومية.
7. اختيار تعيين اختصاصات المدير المنفذ.
8. إخطار كل من مديرية الشئون الاجتماعية المختصة والاتحاد بيان عن حركة العضوية وذلك كل ثلاث شهور.

هذا وقد أجاز القانون لمجلس الإدارة إن يفوض في كل أو بعض اختصاصاته لجنة تنفيذية تشكل من الرئيس أو نائبه وأمين الصندوق والسكرتير ومن ينتخبه المجلس من بين أعضائه، على ألا يزيد عدد أعضاء اللجنة التنفيذية عن خمسة أعضاء.

وأهم الأحكام العامة التي أوصى القانون 32 لسنة 1964 بشأن مجلس الإدارة الجمعية أو المؤسسة الخاصة:

- يجب ألا يقل عدد أعضاء مجلس عن 5 ولا يزيد عن 15 وفي حالة الجمعيات التي يشترك فيها أجانب يجب إن تكون نسبة عدد الأعضاء المصريين في المجلس مماثلة على الأقل لنفسيتهم إلى مجموع الأعضاء المشتركين، وقد روعي في ذلك أن لا يكون حجم المجلس صغيرا بحيث يعبر عن وجهة نظر قلة من الأعضاء وليس كبيرا لدرجة يصعب معه عقد الاجتماعات أو التوصل الى القرارات.
- مدة العضوية ثلاث سنوات ويتجدد انتخاب ثلث الأعضاء كل سنة بطريقة القرعة (عدا مجلس الإدارة الأول) ويجوز اعادة انتخاب من تنتهي عضويتهم، وهذه الإجازة مطلقة غير مقيدة بمدة معينة مع إن الفلسفة التي وراء اسقاط العضوية لثلث الأعضاء ترمي الى ضمان استمرار في الاستقرار بوجود ثلثي الأعضاء القدامى، ووجود دماء شباب جديدة في الثلث الجديد بما يضمن التجديد والابتكار وعدم التحكم في مصير الهيئة.
- لوزير الشئون الاجتماعية إن يعين ممثلا للوزارة وممثلا لكل هيئة من الهيئات الإدارية المعينة أعضاء في مجلس الإدارة بحيث لا يزيد عددهم عن نصف مجموع أعضاء مجلس الإدارة ويضمن ذلك وفر الخيرات المتنوعة والتي تفيد أحداث الهيئة لا يسما إذا افتقرت إليها من بين أعضاء الجمعية العمومية وبالتالي بين أعضاء مجلس الإدارة المنتخبين من الجمعية العمومية.

- كل عضو يتخلف عن حضور أكثر من نصف عدد الجلسات للمجلس يعتبره مستقيلا من المجلس خلال العام، والهدف من وراء ذلك ضمان توافر القرارات الجماعية وعدم حجب فرص المشاركة عن آخرين أكثر جدية واهتمام بعمل الهيئة.
- للجهة الإدارية المختصة طلب عقد مجلس الإدارة إذا دعت الضرورة لذلك وتحدد الجهة الإدارية بخطاب موصى عليه الموضوعات التي ترمي عرضها على المجلس ويجب على مجلس الإدارة النظر في هذه المسائل في الموعد الذي تحدده الجهة الإدارية أو خلال شهر على الأكثر من تاريخ إبلاغه ويجب في جميع الحالات إبلاغ كل من الجهة الإدارية المختصة والاتحاد المختص بصورة من محضر اجتماع مجلس الإدارة وما أتخذ من قرارات خلال أسبوع من تاريخ الانعقاد وهذا يحكم الإشراف الفني الجهات الإدارية ومحاولة تعديل مسار الهيئة وتدارك الموقف قبل الوقوع في بعض الأخطار المالية أو الإدارية.
- يجب إبلاغ الجهة الإدارية المختصة باسماء المرشحين لعضوية مجلس الإدارة في الجمعيات ذات الصفة العامة وجمعيات الرعاية الاجتماعية وذلك قبل اختيار أعضاء المجلس بـ 30 يوما على الأقل وللجهة الإدارية إن تستبعد من ترى استبعاده من المرشحين وإذا لم تبلغ الجهة الإدارية اعتراضها الى الجهة في الوعد المحدد للانتخاب بسبعة أيام اعتبر ذلك موفقة على الترشيح كما يجوز لها أن تنتدب من يحضر الانتخابات للتحقيق من أنها تجري طبقا لنظام الجمعية ولها إلغاء الانتخابات بقرار مسبب خلال 15 يوم من إبلاغها محضر الاجتماع إذا تبين لها انه وقعت مخالفات لذلك النظام أو القانون.
- ويجوز لمجلس الإدارة بموافقة الجهة الإدارية إن يعين مديرا من بين أعضائه أو غير أعضائه يفوضه للتصرف في أي شأن من الشئون الداخلية للمجلس.

رابعاً: المدير المنفذ:

هو الشخص المسئول أمام مجلس الإدارة والجمعية العمومية في تنفيذ السياسة العامة للمؤسسة أو الجمعية هو حلقة الصول بين العاملين في المنظمة وبين الإدارة العليا، ويملك بالتفويض تصريف امور المؤسسة لتحقيق أهدافها بالأسلوب الإداري المناسب وبواسطة العاملين الأكفاء الذي يشرف عليهم وبوجه أعمالهم ويراقبهم بما يحقق تكوين رأي عام مساند للمنظمة يضمن لها التأييد الأدبي والمادي من قبل المجتمع.

علاقة المدير المنفذ بمجلس الإدارة:

1. يعتبر حلقة الوصل بين مجلس الإدارة والعاملين في المنظمة وعليه إن يتفهم السياسة العامة ويترجم ذلك للعاملين، وان يرفع تقارير العامل ويحاول الابتكار فيها إلى مجلس الإدارة.
2. يستمد سلطاته للبت في الأمور عن طريق السلطة المفوضة إليه من مجلس الإدارة.
3. يعتبر مسئول مسئولية كاملة عن أعمال المنظمة أمام مجلس الإدارة.
4. يحضر اجتماعات مجلس الإدارة وليس له حق التصويت.
5. يقوم التنفيذ الإداري لقرارات مجلس الإدارة.

وربما تتضح هذه العلاقة أكثر من خلال عرضنا لمسؤوليات المدير المنفذ:

1. ترجمة سياسات المنظمة إلى خطط وبرامج قابلة للتنفيذ في ضوء موارد وإمكانيات المنظمة وبما يحقق أهدافها.
2. توزيع المسئوليات والأعمال على كافة موظفي المنظمة حسب كفاءة كل منهم واستعداده مع تفويضه السلطة التي تمكنه من إنجاز هذه الأعمال.
3. تحديد شبكة العلاقات الرسمية بين العاملين بما يسمح بتدفق الأعمال وتكاملها دون ازدواج أو تكرار.

4. القيام بعمليات الرقابة والتوجيه بما يؤكد سلامة العمل والإنجاز.
5. تشكيل الجان المعاونة للقائمة المؤقتة التي تساعده في التوصل الى القرارات المناسبة.
6. تحضير أعمال مجلس الإدارة وتزويده بالمعلومات الصحيحة عن المنظمة بما يسمح بتحديد تصور عن أعمال المنظمة وما توجهه من عقبات وكيفية التغلب عليها.
7. القيام بتأكيد العلاقة بين المنظمة وجودها بما يضمن لها الاستمرار والتغيير.
8. اقتراح التغير المناسب والتجديد في أعمال المنظمة في ضوء الممارسة الفعلية.
9. إتاحة الفرصة أمام العاملين لزيادة خبراتهم ومهاراتهم بما يسمح بتكيفهم في العمل مع المنظمة ورفع مستوى أدائهم.
10. توطيد العلاقات مع المنظمات ذات العلاقة لتحقق أفضل خدمة الأفراد وجماعات المجتمع وتبادل الخبرة والمنفعة.

وبصفة عامة فإن المدير المنفذ يعتبر حجز الزاوية في المؤسسة من حيث نجاحها في تحقيق الأهداف يتوقف على مدى الخبرات والمهارات التي يتمتع بها المدير المنفذ، ولذلك يجب على مجلس الإدارة إن يولي كامل ثقته الى المدير المنفذ ويخلع عليه أكبر قدر من السلطة التي تمكنه من التحرك دون قيود كما إن استمرار المدير المنفذ لفترة طويلة للعمل بالمؤسسة يسمح له بالتعرف عليها أو على ظروف للجميع المحيط بحيث يسهل عليه مباشرة تحقيق الأهداف لذلك، ولو إن من سلطة مجلس الإدارة تغيير المدير المنفذ من حين لآخر لكن حقيقة الأمر ولمصلحة العمل لابد من إعطاء الفرصة له للاستمرار أطول فترة ممكنة للاستفادة من خبراته وضمان استقرار العمل دون عرضه لاهتزازات، تؤثر فيه.

صفات المدير المنفذ:

يحاول البعض وضع مواصفات للمدير المنفذ من حيث القدرة على القيادة والذكاء والكفاءة والاجتهاد والابتكار واتساع الأفق وغيرها من الصفات ولكن حقيقة الأمر إن هذه الصفات تعتبر نظره نموذجية لا يمكن توافرها في شخص معين ولكنها تعتبر محكات للقياس بشخصية شغل المدير المنفذ ممن تتوفر فيهم أغلبية هذه العناصر وهي ليس قارة عليه ولكنها اشتراطات يجب إن تتوفر فيمن يمارس عملا ذا طبيعة من شأنها الاتصال بالآخرين أو القيام بمسئولية الإشراف على أعمالهم أو تقديم الخير لهم.

وبصفة عامة يمكن إن نجمل أهم هذه الصفات فيما يلي:

1. إن يتمتع بالحماس والجرأة والإقدام والإخلاص والذكاء والنضج العقلي والعاطفي والقدرة على الإقناع.
2. إن تتوفر فيه المقدرة العلمية والفنية والإلمام بعمله والدراية بطريق الإدارة ووظائفها التي تتحقق بها أهداف المؤسسة التي يعمل بها بدون إفراط أو تفريط.
3. إن يكون مبتكرا في فكره وفي عمله، موضوعيا في تعامله مع الناس وفي اتخاذ القرارات.
4. إن يكون متفهما بعيد النظر.
5. إن يكون مجتهدا أو نشيطا وقوي لاحتمال قادرا على ترجمة المخطط الى برامج والبرامج الى مشروعات قابلة للتنفيذ.
6. إن يتوفر فيه الولاء للمؤسسة وللعمل بها.
7. إن يتوفر الإحساس المرهف باحتياجات المجتمع ومشاكله وآماله.
8. إن يكون حازما في غير عنف، ولينا في غير ضعف وقادرا على التوجيه والإشراف.
9. إن يكون محبا للتعاون ومشجعا، ومدركا لاتجاهات من يتعامل معهم وبخاصة اتجاهات مجلس الإدارة وفلسفته.

الفصل الثامن

تحديد المشكلة التخطيطية

تحديد المشكلة التخطيطية

مقدمة:

تمثل المشكلة التخطيطية أخطر تحد يواجه الدول النامية، لأن التخطيط هو المخرج الوحيد الممكن لها من أوضاعها المتخلفة، ومع ذلك فإنه المجال الذي يتجسد فيه التخلف بدرجة كبيرة، يستعرض هذا الفصل بعض مظاهر ومشكلات التخطيط في الدول النامية تمهيدا لمناقشة الأسس العلمية للتخطيط واتخاذ القرارات في الفصول التالية.

1. اختلاط المفاهيم:

من أهم المشكلات التي تواجه الدول النامية مشكلة إختلاط المفاهيم وعدم وضوحها حيث تستخدم الألفاظ الواحدة لتعني مدلولات مختلفة، ويزداد الميل لاستخدام المصطلحات الضخمة أو الحديثة للإيحاء بضخامة العمل أو خبرة الأشخاص. وعادة ما نلاحظ في الدول النامية أن ألفاظا كالخطط والبرامج والإستراتيجيات والسياسات تستخدم بإسراف شديد من قبل المتخصصين وغير المتخصصين في حين نجد أن الواقع العملي يشير بأن الكثيرين لا يدركون حتى معاني الألفاظ أو الفروق بينها، وتسمع على سبيل المثال أن خطتنا هي مضاعفة الدخل القومي، حين أن ذلك هدفا وليس خطة، وتسمع أن سياستنا هي إنشاء 50 ألف شقة في السنة ومرة أخرى تلك ليست بسياسة وانما هي غاية. وغالبا ما لا تتحقق في ظل غلبة الشعارات والنوايا على الأعمال والخطط الحقيقية، وتلك مشكلة أخرى.

2. الصورية والمظهرية:

ونلاحظ أيضا أن الإستسلام للمظاهر البراقة أكثر من الجوهر والمضامين الحقيقية يسود كثيرا من الأعمال خصوصا في مجال التخطيط، حيث يتعلق

التخطيط بتصورات عن أعمال في المستقبل عادة ما تكون غير ملموسة ويسهل بالتالي إعطاء التقديرات غير الدقيقة أو غير المبنية على أساس سليم من قبل الأشخاص غير الاكفاء، طالما أن خطأ تلك التقديرات لا يظهر على الفور وإنما يظهر في المستقبل.

غالبا ما يصاحب هذا الميل للصورية والمظهرية اهتمام شديد بالشكليات والإجراءات واستمارات استيفاء البيانات ومجلدات الخطة ونماذج الإحصاء وما إلى ذلك دون إدراك حقيقي لمضمون الخطط والبرامج، ودون اهتمام أيضا.

3. المغالاة في تحديد الأهداف:

ونلاحظ أن أغلب الدول النامية إذ تضع خطة للتنمية أو للتصنيع أو لزيادة الدخل القومي أو تنمية الصادرات، أو ما إلى ذلك، نلاحظ أن المسئولين عادة ما يبالغون في تحديد الأهداف المطلوب الوصول إليها في الخطط بشكل لا يتناسب مع الإمكانيات المتاحة أو الممكن إتاحتها، ويتخذ تحديد الأهداف طابع الوعود أكثر منه الاستناد إلى الدراسات السليمة والتقديرات الدقيقة لما يمكن تحقيقه وما يزمع بالفعل تحقيقه.

ويساعد على مثل هذا الاتجاه عدم الاستقرار في التشكيلات الوزارية في الغالب بمعنى أن كبار المسؤولين في الحكومة يعلمون أن فترة استمرارهم في أماكنهم محدودة ، وانهم بالتالي سيخرجون من تلك الأماكن قبل أن يظهر عجزهم عن تحقيق الأهداف المغالى فيها، ويرتبط هذا بمشكلة أخرى، نناقشها أدناه.

4. عدم الاستمرارية:

رغم أن الأساس الأول لأية عملية تخطيطية هر الاستمرارية في الخطط، والاستمرارية في النظام التخطيطي، فإننا نلاحظ في الدول النامية انعدام تلك الاستمرارية إلى حد أن الكثير من الخطط تلغى أو تعدل بمجرد حدوث تغيير في

المسئولين الإداريين عنها أو تغيير في القيادات الوزارية أو السياسية، كما أنه ليس هناك نظام محدد مقدما ومعروف لخطوات تجميع بيانات التخطيط و~ وتحليلها وإعداد الخطط ومراجعتها بشكل مؤسسي وإنما الأمر يتأثر إلى حد كبير جدا بالأشخاص، ويخضع لرؤية وربما أمزجة هؤلاء الأشخاص.

وربما يدل على هذا أن أغلب الخطط الخمسية للتنمية في الدول النامية لا تكمل، وإنما تعدل قبل مرور سنواتها الخمس ليس فقط لأخطاء فيها، وهذا سبب هام، وإنما أيضا لإشباع الرغبة في تعديل الخطط لمجرد التعديل مع تغير القيادات والمسئولين.

5. نقص الدراسات والمعلومات:

حيث تؤدي العجلة في إعداد الخطط والمظهرية فيها وعدم الاستمرارية أيضا إلى عدم الاهتمام بالدراسات والمعلومات اللازمة لإعداد الخطط على أساس سليم، وتسود روح الاجتهاد والفهلوة استنادا إلى طول الخبرة وحصافة الرأي كبديل لإجراء الدراسات المتكاملة للمشروعات الجديدة أو الخطط الجاري إعدادها أو لتقويم الأوضاع القائمة.

ورغم أن توافر المعلومات الكاملة 100% أمر غير ممكن وبالتالي فمن المحتم الاستناد إلى الخبرة والتقدير الشخصي لتكملة النقص في المعلومات، فإن الضرب عرض الحائط بأهمية المعلومات من الأصل أو الاستناد الكامل للاجتهاد الشخصي أمران يمثلان خطورة هائلة على أية عملية تخطيطية. والطريف أن الباحث عن معلومة في الدول النامية عادة ما يعمل عليها مختلفة باختلاف المصدر، مما يعكس عدم الدقة وعدم العناية بإعداد وتجهيز المعلومات.

ويزيد الأمر صعوبة أن أجهزة المعلومات على عجزها قصورها عادة ما تحيط نفسها بهالة من السرية والتكتم وجو المخابرات الحربية، وتصبح كل معلومة سرية، ويصبح الإطلاع على أي معلومة مثارا للشبهات وإفشاؤها خيانة وطنية،

ويسيطر كهنوت تلك الأجهزة على القيادات السياسية فتقتل روح البحث العلمي ويصعب إجراء البحوث والدراسات من الأصل، كما لا يدري أحد ولا يجرؤ أحد على التساؤل حول أساليب جمع البيانات ومدى دقتها.

6. قصور الأجهزة التخطيطية:

وسواء تحدثنا عن المستوى الجزئي أو المستوى الكلي في الدول النامية فإننا نلاحظ قصورا شديدا في كفاءة الأجهزة التخطيطية وفي ترتيباتها التنظيمية وكذلك في مدى توافر الكفاءات والخبرات المدربة في مجال التخطيط، ونجد إدارات التخطيط في الشركات والوزارات في بعض الأحيان مجرد أماكن يركن فيها الأشخاص غير المرغوبين، كما نجد أن دور وزارات التخطيط وأجهزة التخطيط يكون غير واضح والتنسيق بينهما وبين الأجهزة التنفيذية ضعيف.

7. غياب الموضوعية:

ونقصد هنا أن كثيرا من القرارات التخطيطية تتأثر باعتبارات غير موضوعية، وربما بمكاسب وقتية أو مصالح شخصية، وعادة ما تقدم المصالح الخاصة على المصالح العامة وبالتالي فإن البت في الخطط أو تعديلها أو إلغاءها يمكن أن يكون مترتباً على رؤية أو مصلحة شخصية، وربما يفسر هذا كثرة التغيير والتضارب في الخطط والقرارات، فنجد مثلا أن الجمارك ترفع على السلع المستوردة لحماية الصناعة الوطنية، ثم تخفض لتنشيط المنافسة، ثم تصنف السلع وتعدل الرسوم لأسباب ومبررات أخرى وهكذا، وربما اختلفت الأسباب الحقيقية عن الأسباب المعلنة تماما.

8. غياب التكامل:

حيث نلاحظ في الدول النامية أن التكامل الأفقي فيما بين الأجهزة أو الوزارات أو الإدارات ضعيف أو منعدم تماما، ويعني ذلك أن كل جهة تخطط وتنفذ

بمعزل عن الجهة الأخرى، وكل وزارة في واد مستقل عن الأخرى، وغالب مالا تظهر آثار ذلك إلا بعد تفاقم المشكلات بشكل يصعب معه حلها، ويجعل تنفيذ خطط التنمية أمراً صعب المنال، وعلى المستوى الجزئي في الشركة أو الهيئة نجد أن مثل هذا التكامل أيضا في العادة ضعيف.

والعلاج؟؟؟

ولكي نعالج هذه الأوضاع في الدول النامية يتعين رفع كفاءة العملية التخطيطية، ورفع الوعي التخطيطي، ودعم الأجهزة التخطيطية وحسم المشكلات التنظيمية وضمان الاستمرارية، وقبل ذلك كله تطبيق الأسس العلمية في التخطيط واتخاذ القرارات.

الفصل التاسع

إدارة الأعمال الدولية العكسية

إدارة الأعمال الدولية العكسية

يستعرض هذا الفصل آليات مواجهة العولمة والمنافسة العالمية عن طريق القياس والتقييم السليم والإعداد المخطط المبرمج للشركات العربية للتعامل مع خريطة الأعمال العالمية الحالية.

مجتمع المؤسسات (المنظمات) ومؤسسات الجماعات وفرق العمل، وجماعات الأفراد، والمهارات السلوكية للأفراد والجماعات والمؤسسات كلها في تفاعل وتكامل دائمين مع البيئة المحلية والعالمية. الصراع على التفوق والتميز والبقاء يحتاج إلى التطوير والتحديث Modernization بصفة مستمرة والتحديث يعني معالجة العولمة بخطى سليمة ذات مراحل مخططة وجداول زمنية مرتبة. في هذا الفصل مناقشة أساليب التحول السلوكي للمنظمات والفرق والأفراد والمجتمع لضمان البقاء ولمواجهة التنافسية.

1. المراجعة السلوكية للعولمة:

وضحنا في الفصول السابقة أن العولمة واقعة لا محالة وأن التغير والتغيير من أهم صفات الحياة إذن يجب أن تطور السلوك الحالي حتى يتوافق مع التحولات العالمية ويتم تطوير السلوك بالتدريب والاستشارات والبحوث والتعلم للاتقاء بأساليب التفكير الإنساني. وهناك في أي مجتمع أو منظمة مجموعات من السلوكيات الموجبة (كالصدق والأمانة والولاء والإخلاص والجدية والالتزام وإدارة الوقت والمبادرة والقيادة...) يجب الإبقاء عليها وتطويرها. وهناك مجموعات من السلوكيات السالبة التي يجب القضاء عليها تماماً والبحث عن بدائل لها إما من التراث في الماضي أو من العولمة بعد تصفية الدروس السلوكية المستفادة من الثقافات والدول الأخرى.

وتحقق العولمة والشركات عبارة القارات والثقافات الأخرى قدراً من تحسين جودة الحياة للإنسان عن طريق:

أ. المنتجات الجديدة.
ب. الخدمة الجديدة.
ج. الأفكار الجديدة.

فالصحة العامة والغذاء السليم والوقاية والوعي الصحي والاختراعات والعلاج الجديد والتكنولوجيا الجديدة في الاتصالات وتكنولوجيا المعلومات كلها يحسن من جودة الحياة وسلوكيات الإنسان. ولكن يجب تجنب سلبيات العولمة بالنسبة للثقافات المغايرة للقيم والدين والأخلاق والتربية مثال ذلك تجنب الإيدز والتدخين والمخدرات والخمور والزنا والانحراف الجنسي والسرقة والقتل والخطف والإرهاب. وغيرها.

2. أثر التنوع البشري على الفعالية التنظيمية:

ذكرنا أن الحياة الحديثة حققت طفرة كبيرة في الهجرة بين المناطق والدول مما أدى إلى المزيد من التدفقات البشرية والسلوكية والتكنولوجية والمالية والخدمية وفق درجة توفر مناخ الاستثمار وفرص العمل لذلك أصبحت العمالة في الشركات وبقية المنظمات متعددة القيم والاتجاهات والأداء والسلوكيات بشكل عام. لذلك أصبحنا نعيش في عالم التنوع البشري. يجب إذن أن نتعرف ونتعامل مع الأفراد متعددي الجنسيات والثقافات وينتج عن ذلكما يلي:

أ. مناخ التنوع:

وكما وضحنا سابقاً، يؤثر مناخ التنوع على الأفراد في المنظمات من خلال إدراك الآخرين أنماط الشخصية، التميز، العدالة، المساواة، هياكل الهوية، أساليب الاتصالات اتخاذ القرارات، حل المشكلات، حسم الصراعات، التفاوض وغيرها، ويؤثر

التنوع في تكوين الجماعات من حيث النزاع والنزعة الدينية ودرجة تماسك الجماعات وتكوين فرق العمل وروح الفريق. كما يشكل المناخ التنظيمي المتنوع على درجات التكامل غير الرسمي والتكامل التنظيمي والتحيز في بناء منظومة الموارد البشرية.

وللتنوع في المناخ التنظيمي أيضاً انعكاسات على كل من التدرج الوظيفي والفعالية التنظيمية.

ب. نتائج التدرج الوظيفي:

ومن أهم تأثير التنوع على التدرج الوظيفي ما يلي:

- النتائج العاطفية مثال ذلك درجة الرضا عن التدرج الوظيفي والتمييز بين الوظائف والأفراد ومستوى الاندماج الوظيفي.
- نتائج الإنجاز حيث يؤثر التنوع البشري أيضاً على أداء الموارد البشرية من حيث فرص الترقية وتغيير الوظائف وتحويل الأفراد من وظيفة لأخرى والأجور والحوافز وترتيب الأداء الوظيفي.

ج. التنوع والفعالية التنظيمية:

ويؤثر التنوع على الحضور للعمل ومعدل دوران العمل والإنتاجية والجودة والنجاح في تحقيق الأهداف (الفعالية) والتجديد والابتكار وتماسك الجماعات والاتصالات وعلى المستوى التنظيمي الكلي هناك علاقة بين التنوع وكل من الربحية والإنتاجية والابتكارية والإنجاز والريادة والتصديرية والتنافسية.

3. التحول السلوكي كأداة للتغير:

يعتبر التحول السلوكي أحد أضلاع مثلث التغير الذي يضم أيضاً في بقية أضلاعه العلوم والتكنولوجية. ويساعد المثلث على تعديل أساليب التفكير (العقل). ومن أهم مؤشرات التحول السلوكي كوسيلة للتحديث والنهضة ما يلي:

1. تجنب الحروب والصراعات: فن الحرب أنك تهزم العدو بدون محاربته (مثل صيني قديم ... صن تسو).
2. اللـه عز وجل أعطانا القدرة على قبول الأشياء التي لا نستطيع تغييرها، وأعطانا الشجاعة لتغيير الأشياء التي نستطيع أن نغيرها، وأعطانا الرؤية للتفرقة بينهما.
3. تحول العالم من اقتصادات تديرها الحكومات إلى اقتصادات تديرها الأسواق والمنافسة.
4. قال أحد الحكماء أن الحضارات والأمم تتقدم وتتدهور في صورة التحديات وردود الفعل لها. فتواجه الأمة بتحديات وتسعى إلى النجاح ولكن مع تقدم الزمن تشعر الأمة أن طبيعة التحديات في تغيرت فإذا استمرت الأمة لمواجهة التحديات بنفس الأسلوب القديم سوف تجد نفسها تختلف وانهارات لذلك يجب أن تغير أساليبها في الحياة مع كل نوع من التحديات (ويليام أندرسون).
5. لقد تحولت المجتمعات خلال القرون السابقة كالتالي:

من المجتمع الصناعي	إلى مجتمع المعلومات.
من التكنولوجيا المفروضة	إلى التكنولوجيا العالمية.
من الاقتصاد القومي	إلى الاقتصادي العالمي.
من التخطيط قصير الأجل	إلى التخطيط طويل الأجل.

من المركزية	إلى اللامركزية.
من مساعدة المنظمات	إلى مساعدة النفس.
من الديمقراطية بالانتخاب	إلى ديمقراطية المشاركة.
من التسلسل الوظيفي	إلى التشبيكية (العلاقات المتشابكة).
من المدن المزدحمة	إلى المدن الجديدة.
من الفردية في الحلول	إلى البدائل.
من الأنانية	إلى روح الفريق والتعاون.
من الإلحاد	إلى الإيمان.
من تلوث البيئة	إلى البيئة الخضراء.
من المادية	إلى الإنسانية.
من الفقر	إلى أقضاء على الفقر.
من التحيز	إلى التنوع.
من الحكم	إلى الجودة العالية.
من الاستهلاك	إلى الادخار.

فالتحول السلوكي كان وراء تحولاً بيئياً كبيراً فالاعتبارات الاقتصادية تداخلت مع الاعتبارات السياسية أو تحولت التجارة الإقليمية إلى التجارة العالمية وتحولت المنظمات إلى ترشيد العمالة، وزاد الوعي البيئي للفرد والجماعات

والمنظمات وتخلت الحكومات عن القطاع العام والمشاركة في النشاط الاقتصادي وأفسحت المجال للقطاع الخاص والمبادرات والمنافسة وأصبحت الموارد البشرية هي ركيزة المنافسة بين الدول والشركات.

6. تحول التنافس في أسواق العمل من منافسة المواطنين من الدول الواحدة أي فرد من أي دولة في أي سوق عمل (العبرة هنا بنوعية المهارات السلوكية والمعرفية والفنية والتحليلية).
7. التحول من التحالفات بين المنظمات المحلية والإقليمية إلى تحالفات إستراتيجية بين المنظمات العالمية عبر المحيطات والقارات.
8. التحول من العمل بالمنظمات إلى العمل عن بعد باستخدام تكنولوجيا المعلومات والاتصالات.
9. انتشار أنماط الحياة العالمية لتحل محل أنماط الحياة المحلية.
10. الاهتمام بتفوق الإنسان، د. أحمد زويل.
11. نحن نعيش في عصر الهندسة الوراثية والعلوم البيولوجية.
12. تزايد دور المرأة في العمل وتقلدها الوظائف القيادية.
13. خصخصة الحكومات والمؤسسات والهيئات الحكومية.
14. التحسينات تعني التغيير.

4. برنامج الانضباط السلوكي

وتحتاج المجتمعات والمنظمات على حد سواء إلى تنفيذ برامج للانضباط السلوكي في المنزل الشارع والنادي والمدرسة والجمعة والشركة وكل أماكن التجمعات البشرية وبدون تلك البرامج لا يمكن تحسين المركز التنافسي للدولة أو الشركة أو الفرد أو المنتج ويجب أن تتضمن برامج الانضباط السلوكي مجموعة من الآليات مثل:

أ. الآليات التشريعية والقانونية مع توفر سبل تنفيذها.

ب. الآليات الهيكلية من علاقات ووسائل إيضاح وتنوير وإرشاد.
ج. آليات إعلامية في وسائل الإعلام المختلفة.
د. الثواب والعقاب قاعدة ضمان نجاح الانضباط.
ه. التزام جميع المؤسسات في المجتمع بتطبيق أدوات الانضباط.
و. تكامل أدوات الانضباط لتجنب الازدواجية والتضارب.
ز. ربط الانضباط بالقيم والمعتقدات في المجتمع.
ح. برامج التهيئة الاجتماعية بالمنظمات لتأكيد أهمية السلوك الراقي.

إن تنظيم الحياة يحقق جودة عالية في السلوك والمعاملات ويجب أن تتكاتف جميع المنظمات لإنتاج نموذجاً سلوكياً يستطيع الوقوف أمام التنافسية في الألفية الثالثة (القرن القادم).

5. دور المجتمع في تكوين الاتجاهات الجديدة:

يتم استيفاء المعلومات والخبرات من الهيئة الخارجية للمنظمات. وتؤثر تلك المعلومات على الدوافع والاتجاهات التي تشكل النوايا والتصرفات المستقبلية. وتفيد تلك المعلومات كلاً من المديرين والعاملين مع تجنب المعلومات السالبة (يفضل المديرون عادة سماع المدخلات الموجبة فقط) والنتيجة اتخاذ قرارات سيئة واستراتيجيات ضعيفة وعدم قدرة على التكيف مع التغيرات المحلية والعالمية وتتأثر سمعة المنظمات بالمتغيرات المحيطة مثال:

المتغيرات الموجبة	المتغيرات السلبية
• الربحية - الترويح	• الصراعات التنظيمية
• الحجم - الملكية	• المنافسة غير الشريفة
• العائد على الاستثمار	• التهديدات البيئية - تلوث البيئة انخفاض الإنتاجية - العمالة الزائدة
• المسئولية الاجتماعية	• البطالة المقنعة
• القدرة التصديرية	

ويجب العمل على تحسين الصورة الذهنية للمنظمات لدى المجتمع ومؤسساته (الحكومة - النقابة - المودرين - المستثمرين - المنافسين - المديرين - المشترين)

6. **التعلم السلوكي ضروري للبقاء:**

ويلعب التدريب السلوكي دوراً أساسياً للقضاء على التشوهات السلوكية كالحساسية الزائدة والأنانية والانفرادية ورفض السلوك الجماعي والصراعات التنظيمية وغيرها. ويتحقق التعلم من تحويل التدريب إلى واقع مؤثر كالتالي:

أ. يؤثر التكرار واسترجاع الأثر والتدرب والمشاركة في تفعيل التدريب وجعله عاملاً مؤثراً لتعديل السلوك وتطويره.

ب. يجب التحقق من رضاء العاملين في الوظائف المختلفة لضمان استمرار تحقيق الأهداف ويراعى هنا ما يلي:

الرضا	**عدم الرضا**
الموظفون	العمل.
الموظفون القدامى	الموظفون الجدد.
العمالة الرجالية	العمالة النسائية.
الأغلبية	الأقليات.
أصحاب التعليم العالي	أصحاب التعليم المتوسط.

ج. حساب درجات تأثير خصائص الشخصية على نمط القيادة وأسلوب تكوين الاستراتيجيات ومن ثم درجه فبول التحديات والتطوير في المنظمات والمجتمع.

ويرى المتشائمون الرافضون أن من الأفضل إبقاء الأمور على ما هي عليه ولا داعي للدعم الاجتماعي أو السياسي (فهذا قدرنا ولا يجب أن تحاول) ولا داعي لحل المشكلات والضغوط في حين يرى المتفائلون أصحاب الشخصيات المنادرة التي تتحمل المخاطر أن التركيز Focus لحل المشكلات أمر هام والتعاون في مواجهة الأزمات شيء ضروري ويجب القضاء على المعوقات وحل المشكلات الجارية الآن والتنبؤ والاستعداد لمشكلات الغد.

وعموماً يجب التغلب على الضغوط بالسيطرة على أسبابها المتنوعة مثال ذلك الأسباب الفسيولوجية والعاطفية والمادية والاجتماعية. وغيرها فهذا يضاعف من التركيز وتحسين الإنتاجية في العمل.

7. الثقافة التحويلية الجديدة:

يجب على كل الشركات والأفراد والأجهزة الحكومية تعديل ثقافيتها التنظيمية بما يتناسب ومتطلبات القرن القادم. ويجب الاستعداد للتحولات في آليات السوق ـ التكنولوجيا العالية ـ الدور الجديد للحكومة ـ ضغوط العولمة ـ القيم الثقافية الجديدة ـ التحالفات الإستراتيجية ـ الاندماجات ـ التكتلات الاقتصادية ـ التغير في طبيعة الموارد البشرية الدور الجديد للنقابات ـ المدير الجديد ذو التوجه العالمي ـ السلوك التنظيمي الجديد ـ العمالة الذكية وغيرها.

وتقوم الثقافة التنظيمية الجديدة على الابتكار والتجديد ـ الترشيد في الوقت والتكلفة والجهد ـ العقلانية والترشيدية في السلوك ـ التنافسية وحساب التهديدات واقتناص الفرص. كما يجب قياس تكلفة الصراعات التنظيمية التي تؤدي على:

أ.   التحول إلى نمط قيادي سلطوي.
ب.   زيادة السلوك الجماعي.

ج.   انخفاض مستوى الأداء بسبب غياب التركيز والاهتمام فقط بالصراعات وكيفية القضاء عليها.

وقد تؤدي الصراعات التنظيمية إلى تغيير الثقافة التنظيمية من خلال استمرارها.

8. التفاضل والتكامل التنظيمي:

تستخدم المنظمات أساليب مختلفة في السلوك السياسي تجاه الصراعات والاختلافات في أداء المديرين والعاملين من تلك الأساليب:

أ.   اللوم والهجوم على الآخرين.
ب.   إلغاء الشفافية وحجب المعلومات.
ج.   خلق انطباعات جديدة مقبولة.
د.   تطوير قاعدة لمساعدة الآخرين.
ه.   انضباط الأفراد لتوفير القوة التنظيمية.

وقد يلعب بعض أعضاء المنظمة مباريات مع البعض الآخر مثال ذلك:

- مباراة ممارسة السلطة.
- مباراة إشعار الآخرين بالقوة والعلاقات الخارجية المساندة.
- مباريات التغيير ورفض الوضع الراهن.

ويقابل كل ذلك بعدد من الآليات السلوكية مثال ذلك:

أ.   توضيح التوقعات الوظيفية والأدوار.
ب.   تحسين قنوات الاتصالات.
ج.   بناء نموذج مثالي للسلوك التنظيمي يسترشد به الآخرون.
د.   البعد عن الانعزاليه والدعوة للمشاركة.

والمنظمات نود أن نسجلها لتأكيد أن أي تغيير عادة ما يواجه بمقاومة يجب معالجتها.

ومن أهم الحواجز التنظيمية أمام التغيير والتجديد التنظيمي كل من:

1. طبيعة الهياكل التنظيمية.
2. مجموعات وفرق العمل.
3. مقاومة مراكز القوة.
4. تجارب الفشل السابقة.
5. غياب المعلومات.
6. تدهور الاتصالات.
7. نقص خبرة اتخاذ القرارات.
8. غياب الرؤية للمستقبل.
9. عدم وجود رسالة للمنظمة.
10. ضعف القيادات.

ومن أهم الحواجز الفردية لأحداث تغيير تنظيمي فعال ما يلي:

1. عدم الأمان الوظيفي (الخوف أن يؤدي التغيير إلى فقدان الوظيفة).
2. الخوف من المجهول (اللي نعرفه أحسن من اللي ما نعرفوش).
3. تهديدات العلاقات الاجتماعية.
4. دور العادات والتقاليد في رفض التحديث.
5. تقليد الآخرين (الرافضون).

ويجب أن تشمل برامج إدارة التغيير التنظيمي بعض أساليب السيطرة على مقاومات التغيير مثال ذلك:

أ. تعلم الموارد البشرية (مثل نشر ثقافة الخصخصة بين العمال).

ب. إشراك العاملين في أحاديث التغيير (مثال إشراكهم في تقييم الأصول).
ج. مكافئة المتعاونين مع التغيير (تدفع الآخرين على المشاركة).
د. استخدام الضغوط السياسة.
ه. الإشارة إلى التهديدات العالمية (إذا لم تفعل ... سوف يحدث).

9. التنبؤات والمقاييس السلوكية:

تحتاج إدارة التغيير وقياس السلوك التنظيمي للقرن القادم إلى تكوين مجموعات من المقاييس السلوكية لكل من السلوك الفردي والسلوك الجماعي والسلوك التنظيمي والسلوك الاجتماعي والسلوك الدولي والسلوك العالمي.

أطرح فيما يلي بعض عناصر الاستقصاء من خلال عينة من المقاييس المعروفة عالمياً؟

أ. استقصاء القيم الشخصية في ظل العالمية:

يتم استخدام استقصاء مكون من عدد من المقاييس لتحديد نوع القيم الشخصية للفرد عضو المنظمة. مثال ذلك عناصر المقاييس التالية:

- التفكير العلمي.
- الإنجاز.
- التنوع.
- الإصرار.
- الترتيب.
- الاهتمام.

ويمكن اقتراح خمسة أسئلة لكل عنصر من العناصر على أن يأخذ المقياس مثلاً لكل عبارة إجابات مثل:

موافق تماماً +2	موافق +1	لا أعرف صفر	معارض -1	معارض تماماً -2

ويتم تجميع الإجابات والمتوسطات والنسبة المئوية لكل مقياس من المقاييس الست المذكورة أعلاه. وقد يكون المقياس سباعي أو عشرة (10.000.000).

ب. مقياس آخر للقيم:

ويمكن قياس القيم أيضاً على مقياس مكون من العناصر التالية: القيم النظرية الفلسفية ـ القيم الاقتصادية ـ القيم الجمالية ـ القيم الاجتماعية ـ القيم السياسية ـ القيم الدينية.

ج. مقياس المخزون الشخصي في ظل العالمية:

ويقيس: الوعي – التفكير الإبداعي – العلاقات الشخصية – المبادرة – النشاط – المسئولية – الاستقرار العاطفي – التكيف الاجتماعي. حيث يمكن اختيار خمسة عبارات لكل عبارة مقياس خماسي أو سباعي يحدد درجات الإجابة مثال: درجات الإجابة في المقياس الأول.

د. اختبار إثبات الذات في ظل العولمة:

وهو يقيس ويختبر الحاجات الإيمانية – الحاجات المادية – الحاجات الاجتماعية – حاجات الاحترام – حاجات الاستقلالية – حاجات إثبات الذات. هو اختيار هام جداً للبقاء والتنافسية.

ه. اختبار الانتماء في ظل العولمة:

وهو يقيس الانتماء العاطفي – الانتماء السلوكي – الانتماء المعرفي – الانتماء الوطني – الانتماء العائلي – الانتماء المهني – الانتماء الكلي.

و.   اختبار حالات الذات في ظل العولمة وضرورة المرونة في العلاقات:

وهو يقيس الوالدية القاسية ـ الوالدية الحانية ـ البلوغ والنضج ـ حالات الطفولة المتكيفة ـ الطفولة التلقائية ـ الطفولة المتذمرة.

ز.   اختبار القدرة على التكيف مع التغيير:

وهو يقيس قدرات التكيف المنزلي والصحي والاجتماعي والعاطفي والوظيفي والدولي والعولمي والإجمالي.

ح.   استقصاء فعاليات الفريق:

ويقيس الوضع الحالي واسترجاع الأثر لتحديد الآراء والمشاعر الشخصية تجاه الناس والمواقف أو قياس مشاعر وآراء الآخرين تجاه الناس أو المواقف وبالتحديد يشمل الاستقصاء:

- الرقابة.
- المشاركة.
- الصوت الهادي.
- الاستقرار.
- التسامح.
- التوافق.
- التقارب.
- المرونة.
- القوة.
- تقسيم الناس لمجموعات.
- التجانس.
- المساندة.

ط.   استقصاء الصحة التنظيمية:

ويضم الاستقصاء كلاً من الإنتاجية والقيادة والهيكل التنظيمي والاتصالات والصراعات التنظيمية وإدارة المورد البشري والمشاركة والابتكار والقدرة على التنافسية وإمكانية العولمة.

10. نموذج التحول السلوكي للتنافسية والبقاء:

يتطلب البقاء ضرورة مواجهة المنافسة ولا يمكن أن يتحقق ذلك إلا بالتغيير والتحويل الشامل في المنظومة السلوكية للدولة من إعادة هندسة المجتمع وتجديد المنظمات وتطوير مهارات السلوك الجماعي وفرق العمل وإعادة هندسة الإنسان سلوكياً. ويجب أن يتم التحويل من خلال نماذج مخططة وبرامج تغيير مرسوم مسبقاً حتى يمكن تشخيص الأخطاء والأمراض السلوكية واقتراح روشتات العلاج المناسب.

ويقوم النموذج المقترح للتحويل السلوكي على مقومات أساسية حاولنا أن نطرحها في هذا الكتاب. فلا يجب أن تكتفي بإصلاح اجتماعي وخطة للتنمية المجتمعية فقط ولكن من الضروري أن نعمل على تنشيط برنامج للتوازي بين الإصلاحات السلوكية تقوم على:

أ.   رسالة واضحة.
ب. رؤية محددة.
ج.   إستراتيجية واقعية.
د.   تخطيط إستراتيجي.
ه.   برامج للإصلاح السلوكي (تدريب – استشارات – ثقافة – مسوحات – تنبؤات).
و.   مشروعات وموديولات للتنمية السلوكية.
ز.   مؤشرات للتنبؤات السلوكية العالمية والمحلية.

ح.   ميزانيات لتمويل المشروعات التحويلية.

ط.   أدوات لتقييم النتائج وإعادة الإصلاح السلوكي في ضوء التحولات العالمية والإقليمية والمحلية.

وفيما يلي عرض لمكونات نموذج التحول السلوكي للتنافسية والبقاء ويعتمد هذا النموذج على عدد من المقاييس مثل:

1.   المراجعة العالمية Global Audit وهي تقيس قدرة المنظمة على التعامل بآليات العالمية.
2.   المراجعة البيئية Environmental Audit وهي تقتبس قدرة المنظمة على التعامل والتكيف البيئي.
3.   المراجعة الإقليمية Regionalization Audit وهي تقوم بمراجعة النشاطات والقرارات والوظائف الإقليمية للمنظمة مثل الدور العربي للشركة مثلاً.

روشته المدير العربي للعولمة الفعالة:

1.   ضرورة تغيير أساليب التفكير الإداري والأعمال.
2.   أخذ الثقافات العالمية في الحسبان عند عولمة النشاط السياسي أو الاقتصادي العربي.
3.   التعامل مع العولمة بروح الفريق Team.
4.   التحسين المستمر في المنظومة العالمية.
5.   إعادة بناء وهندسة المورد البشري العربي لتنافسية العولمة.
6.   مراجعة أهداف المنظمات العربية والرسالة والرؤية في ظل العولمة.
7.   إعادة هندسة العقل البشري العربي لاستيعاب العولمة Act Globally & Think Locally.
8.   تطوير المهارات الإدارية للتوافق وتتناغم مع العولمة.
9.   إدارة التنافسية للمنظمة العربية.
10.   التدريب على إدارة المواقف المركبة الصعبة والأزمات.

11. إدارة المرونة والتكيف التنظيمي للتواكب مع الكوكبة.
12. إدارة الفرق ذات الثقافات المتعددة.
13. إدارة عدم التأكد.
14. إدارة التعلم من العولمة.
15. تحقيق التكامل بين المصالح التنظيمية الوطنية والمصالح الناتجة عن العولمة.

- **مستويات العولمة والأهداف التنظيمية:**

مستوى العولمة	أهداف المنظمة	منظمات الأهداف
الإستراتيجية والهيكل	الربحية الإنتاجية الاستقرار النمو حماية العملاء	التكنولوجيا البحوث والتطوير المنافسون الموردون المستهلكون
ثقافة المنظمة	ردود الأفعال	أنماط القيادة الإدراك - الاتصالات الاتجاهات - تبعئة الموارد القيم - التكيف الثقافي
الناس	التعلم	منظمة السكان منظومة الموارد البشرية منظومة التدريب منظومة التطوير التنظيمي وإدارة التغيير للتعامل مع العولمة

- **مصفوفة مقارنة أنماط التفكير المحلي والتفكير العالمي:**

التفكير المحلي	التفكير العالمي
الخبرة الوظيفية	التفكير بآفاق كبرى
الأولويات	التوازنات
الهيكل	العمليات
المسئولية الفردية	فرق العمل والتنوع
لا توجد مفاجآت	التغير كفرصة
التدريب لمواجهة المفاجآت	الانفتاح لمفاجأة الآخرين
التركيز على المدى القصير	المدى البعيد
تخطيط تشغيلي	تخطيط استراتيجي
تكنولوجيا محلية	تكنولوجيا عالمية
سعلة محلية	سلعة عالمية
مواصفات محلية	مواصفات عالمية
علامات تجارية محلية	علامات تجارية عالمية
جودة محلية	جودة عالمية
منافسة محلية	منافسة عالمية
تحديات محلية	تحديات عالمية
إدارة محلية	إدارة عالمية
سلوك تنظيمي محلي	سلوك تنظيمي عالمي

- **مصفوفة العقلية العالمية والخصائص الشخصية:**

1. واسعة الأفق	المعرفة
2. التوازنات	تحديد المفاهيم
3. العمليات	المرونة
4. التنوع	الحساسية
5. التغير	الحكم الشخصي
6. الانفتاح	الانعكاسات
7. المبادرات	ردود الأفعال
8. الابتكارات	التقليد
9. تكنولوجيا المعلومات	الحواسب الشخصية
10. ثورة الاتصالات	التشبيكية

- **مصفوفة السلوك التنظيمي العالمي GOB Matrix:**

العناصر / المستويات	القيادة	الاتصالات	اتخاذ القرارات	الإدراك	حسم المنازعات	التفاوض	العلاقات التنظيمية	التحفيز والدافعية	إشباع الحاجات	التوقعات
السلوك الفردي العالمي										
السلوك الجماعي العالمي										
السلوك التنظيمي العالمي										
السلوك الإقليمي للفروع										
السلوك الوطني										
السلوك الدولي										
السلوك متعدد الجنسية										
الاندماجات										
التحالفات الإستراتيجية										
الصفقات المتكافئة										
المفاوضات التجارية										

الشركة العالمية:

1. تختلف عن الهياكل التنظيمية المركب.
2. شكل الشبكة.
3. عضوية.
4. عمليات.
5. تفاعلية.
6. قنوات اتصال متعددة.
7. معلوماتية.

إدارة الفرق متعدد الثقافات:

تعتمد على ما يلي:

1. الأنماط الشخصية للأعضاء.
2. الثقافات الوظيفية لكل عضو.
3. ثقافات المنظمة والأقسام والوحدات.
4. الثقافة العربية لكل عضو فريق.
5. مراحل التنمية المهنية لكل عضو.
6. مراحل تنمية فرق العمل.
7. فعاليات أداء كل فريق.
8. قائد الفريق.
9. إدراك العضو لذاته، إدراك الآخرين، إدراك العالم.
10. أنماط التفكير.

أختلف العلماء في الماضي حول أولويات الإصلاح إما أن يبدأ بالإصلاح الإنتاجي والاقتصادي أو يبدأ بالإصلاح الاجتماعي والإنساني حقق الاقتصاد المصري في الربع قرن الماضي إصلاحات نقدية ومالية وتجارية واستشارية ولكن

المطلوب اليوم إصلاحات اجتماعية وسلوكية لأنه ـ كما ذكرنا ـ المورد البشري هو صاحب المزايا التنافسية بين الشعوب لكل ذلك حاولنا في هذا الفصل التأكيد على أهمية المراجعة السلوكية الدورية وتحقق الفعالية التنظيمية في ظل التنوع الذي هو سمة المنظمات اليوم والغد، ومناقشة إجراءات التحول السلوكي والتغيير ودور المجتمع في تعديل الاتجاهات وحتمية التعلم السلوكي وبناء ثقافة تنظيمية جديدة ومعالجة التفاضل والتكامل التنظيمي للقضاء على الصراعات التنظيمية ومقاومة التغيير. وأكدنا على ضرورة استخدام المقاييس للتنبؤات السلوكية، ثم عرضنا خلاصة عناصر نموذج التحول السلوكي لضمان البقاء والتعامل مع التنافسية.

برنامج إدارة التغيير للقرن الحادي والعشرين:

إذا كان التغيير هو سنة الحياة فيجب ألا يكون عشوائياً بل من الضروري أن يكون مخططاً وفق عدد من البرامج وجداول الأهداف. ويظل التغيير ناتجاً إما عن تغيرات البيئة الدائمة الحركة أو التغييرات في خصائص الموارد البشرية أو بسبب التفاعلات المستمرة بينهما جميعاً أي التفاعلات الفردية والتغيرات البيئية.والوسيلة الفعالة للاستخدام المثل للموارد البشرية هي التطبيق العلمي لمنظومات تكنولوجيا السلوكية (الفردية والجماعية والتنظيمية) وتستخدم البحوث السلوكية الكمية والوصفية والتجريبية في اكتشاف العلاقات واقتراح العلاج بعد التشخيص لمشكلات السلوك التنظيمي.

إننا في حاجة اليوم إلى:

1. إعادة بناء الإنسان بالدين والإيمان وذكر اللـه والتذكر (الإيمان والعلم والمعرفة) والسلوك القديم.

2. تطوير وتحويل السلوك الفردي إلى سلوكيات جماعية عندما تكون طبيعة المواقف تحتاج إلى السلوك بفرق العمل.

3. تطوير السلوك التنظيمي عن طريق التنمية التنظيمية والهندرة (الهندسة التنظيمية والإدارية) يحقق أفضل.

4. الرقابة المانعة للانحراف السلوكية وتقويمها عن طريق المتغيرات السلوكية وورش العمل لتشخيص الأمراض والانحرافات والتصدي لها مع رقابة تصحيحية لتصويب المسارات.

5. علاج المشكلات السلوكية الناتجة عن العلاقات الدولية الجديدة.

وقبل الحديث عن التطوير التنظيمي وإدارة التغيير نود تحليل المنظمات دعامة الاقتصاد الوطني والتنمية المستدامة.

1. السلوك التنظيمي تحت الميكروسكوب:

قلنا من قبل أن علوم ونظريات السلوك التنظيمي تساعدنا في تفسير كيفية بناء الهياكل التنظيمية الفعالة وتحليل كيفية عمل المنظمات (الوظائف). والأهداف التنظيمية ومدى تأثر المنظمات بالبيئة المحيطة والثقافة التنظيمية والإدارة فالمنظمات الفعالة تحقق إنتاجية عالية وتساند الاقتصاد القومي وتشبع حاجات المستهلكين أي تحقق أهدافاً متوازنة في حين أن المنظمات غير الفاعلة لا تحقق إلا مشكلات ومعوقات اقتصادية واجتماعية وسلوكية.

ونطرح أولاً الفكر التنظيمي وفلسفات التنظيم فيما يلي:

أولاً: تطور الفكر التنظيمي:

يمكن تلخيص أهم عناصر الفكر التنظيمي في:

أ. الاهتمام بالهياكل التنظيمية (1900):

حيث التركيز على مبدأ الكفاءة ـ نموذج الرحل الاقتصادي الآلي ـ نموذج (س) للإدارة التي اقترحها ماكرجور. الأساس هنا هو هيكل تنظيمي يركز على

الكفاءة التشغيلية والتفكير الرشيد العقلاني والرقابة المشددة على العاملين بافتراض أنهم لا يحبون العمل مما يتطلب الرقابة والتوجيه باستمرار ويقال أن بناء الأهرامات وقناة السويس قد تم بهذا الأسلوب.

ب. الاهتمام بالناس في المنظمات (1930):

لقد أدى إهمال دور البشر في الفكر الهيكلي للمنظمات إلى زيادة الإنتاج والإنتاجية دون الاهتمام بالناس. وكان محصلة كل ذلك الكساد العالمي عام 1929، ثم نهضة النقابات وبداية الاهتمام بالناس في المنظمات عام 1934 واتضح ذلك من؟

1. مبدأ الاهتمام بالمشروعات.
2. مبدأ نموذج الرجل الاجتماعي.
3. الاهتمام بالتنظيم من القاع للقمة.
4. نظرية (ص) للإدارة تفترض أن الإنسان محب للعمل مما لا يحتاج إلى الرقابة المشددة اللاصقة عليه.

ج. التركيز على التكنولوجيا لبناء المنظمات (1950):

تحول الاهتمام بعد الحرب العالمية الثانية والحرب الكورية إلى ضرورة استخدام التكنولوجيا في تطبيقات مدنية بالمنظمات فلوحظ أن التكنولوجيا هي العنصر الحاكم في بناء المنظمات بالتركيز على: منطق التكنولوجيا ـ لا توجد طريقة واحدة مثلى لأداء العمل كما كان يعتقد في فترة التركيز على الهياكل فقط ـ بداية الاهتمام بالإدارة بالمواقف أو الإدارة الموقفية.

د. الاهتمام بالأهداف في بناء المنظمات (1960):

التركيز على النتيجة وليس الوسيلة ـ وذلك بالبحث عن الأهداف المطلوب تحقيقها كأساس لتنظيم العمل.

المتغيرات الهيكلية في التنظيم:

وتركز على الشكل والترتيب والتصميمات والعلاقة بين الوحدات والأقسام دون الناس وبالتحديد تتضمن لغة الهياكل ما يلي:

المتغيرات	العناصر	الإجابة عن الأسئلة
• الأدوار	التخصص التمييز	من يفعل ماذا مع من؟
• الرقابة	التكامل التنسيق	من يرسل التقارير لمن؟
• السلطة	التفاوض اللامركزية المركزية	من يقدم تقارير لمن؟
• الاتصالات	التفاعل الاتصال	من يتكلم مع من ومع أي سلطة؟
• التعويضات والجزاء	الحوافز الدوافع	من يحصل على ماذا؟

ثانياً: المدارس الفلسفية للهياكل التنظيمية:

1. ما لاهتمام بالقمة - القاع (الكلاسيكيون) مقابل الاهتمام بالقاع - القمة (العلاقات الإنسانية) أي التركيز على القيادات والرؤساء أهم من التركيز على العاملين.

2. الهياكل الدائمة والهياكل المؤقتة.
3. تحسين الروتين وتبسيط الإجراءات مقابل إلغاء الروتين. أي التنظيم ذو الروتين الجامد والتنظيم المتسبب المفكك.
4. الهياكل الاستاتيكية والهياكل الديناميكية.
5. الهياكل البيروقراطية والهياكل العضوية.

ثالثاً: المتغيرات البشرية في الهياكل التنظيمية

وهي تفترض أن الناس المختلفون يشكلون نظام اجتماعي ـ وهم الذي يجعلون من المنظمة حقيقة حية واقعية ويمكن التمييز بين نظريتين.

أ. النظرية الأولى ترى الناس أي العاملون هم دعامة التنظيم فإذا لم يتم حسن اختيارهم وإدارتهم بفعالية ـ فسوف يختلفون مشكلات ومعوقات في المنظمة ـ والعاملون كمورد أساسي يجب تنميتهم وتدريبهم وإحلالهم (أصحاب فلسفة العلاقات الإنسانية مثل (ديكارت ـ أرجيريز ـ التون مايو).

ب. النظرية الثانية ترى أنه من الصعب تغيير الناس في المنظمة لذلك يجب أخذهم كما هم عليه في المنظمة دون مجرد التفكير في تغييرهم.

وترى هذه النظرة أن المشكلة قد تكون في خصائص الهياكل التنظيمية وليس في صفات الناس العاملين فيه (الويبريون الجدد) New Wevecians.

رابعاً: أثر المتغيرات التكنولوجية على الهياكل التنظيمية:

ذكرنا في القسم الأول من الكتاب أن تكنولوجيا المعلومات والاتصالات والتصنيع تؤثر على أساليب الإدارة وكيفية تنظيم الشركات. وأن الإنترنت والبريد الإلكتروني والليزر والروبوت والأوتوماتيكية تؤثر كلها على السلوك التنظيمي ـ لذلك يجب قياس التشابك بين العناصر التكنولوجية والمتغيرات السلوكية والتنظيمية.

وتشير المتغيرات التكنولوجية إلى الطريقة التي تستخدمها المنظمة في إنجاز الأهداف والأنشطة المطلوبة وتؤثر التكنولوجيا على درجة التخصص والتقارب أو التباعد بين الأفراد ومدى تفاعلهم في الجماعات الإنسانية غير الرسمية ـ ويوجد رأيان في هذه المناسبة.

أ. الرأي الأول (تومسون - جيبرون - وودوارد) يرون أن التكنولوجيا متغير مستقل في الهياكل التنظيمية وتعتبر فقط قاعدة في مقارنة الهياكل التنظيمية بعضها البعض.

ب. الرأي الآخر يرى (أرجيريز - بوش) أن التكنولوجيا عنصر ضروري وأساسي في التنظيم مثال: الوحدة - المهمة - الطيران - المطاعم.

الإنتاج الكبير الحجم - السيارات - الوجبات السريعة.

الإنتاج - البترول:

وتؤثر تكنولوجيا المعلومات بشكل كبير على أساليب تنظيم الشركات والمؤسسات الحكومية وأكبر مثال على ذلك تنظيم شركة مايكروسوفت الأمريكية.

خامساً: مدخل الأهداف التنظيمية:

الأهداف التنظيمية هي حالة أو موقف بالمستقبل تسعى المنظمات الوصول إليه ـ وتلعب الأهداف أدواراً هامة في تبرير وجود المنظمة.

وتعطي معنى منطقي ومبرراً لوجود وكمقياس لقياس كفاءة التشغيل ويجب أن نفرق بين الأهداف في المدى القصير والمتوسط والطويل الأجل (المرامى - الأهداف - الغايات) وقد تكون الأهداف محددة ومكتوبة في شكل رسمي أو غير ذلك، كما أنها قد تكون تشغيلية أو خططية. وتقسم الأهداف التنظيمية أيضاً إلى:

متعددة أو فردية - متنوعة ومتجانسة - بينها اختلاف وصراعات أو متكاملة - ديناميكية متغيرة أو ساكنة لا تتغير مع الزمن وقد تحدد الأهداف في وقت السلم كما في وقت الحرب. وفي وقت الأرباح كما في وقت الخسائر، وفي داخل المنظمة أو تفرض عليها من الخارج وبطريقة إلزامية اتوقراطية بمشاركة المنفذين مع المخططين وهناك نوعان من نماذج الأهداف التنظيمية.

1. النموذج الترشيدي العقلاني.
2. النموذج الطبيعي للأهداف وهو عبارة عن حقائق يجب أن تسبق التطبيق وتفسر الإنجازات والإحداث بعد أن تتحقق في مفهوم النموذج الترشيدي أما الأهداف وفق النموذج الطبيعي فهو بدعة أن تلي التصرفات والواقع وهي تلخص الأعمال السابقة.

سادساً: المدخل البيئي لتفسير السلوك التنظيمي:

لكل منظمة بيئة تحيط بها تؤثر فيها وتتأثر بها. وتتكون البيئة من مجموعة من القوى والعناصر التي تنقسم إلى ثلاث أنواع:

1. القوى التي يمكن التحكم فيها بالكامل.
2. القوى التي لا يمكن التحكم فيها بالمرة.
3. القوى التي يمكن فقط التأثير في اتجاهاتها.

كما تنقسم البيئة المحيطة بأي منظمة إلى نوعان:

أ. الفرص التي يمكن الاستفادة منها.
ب. التهديدات والمعوقات والسلبيات المانعة لتحقيق الأهداف. وهناك رأيان في تفسير القوى البيئية.
   1. الأول وهو يؤكد على صعوبة تحديد وقياس المحددات البيئية المحيطة.
   2. الثاني ويأخذ بفلسفة القدرة على تحديد القيود البيئية لأي منظمة.

كما يقال أيضاً أنه:

أما (أ) أن تكون المنظمة مؤثرة في البيئة المحلية والعالمية.

أو (ب) أن تكون المنظمة خادمة ومتأثرة بالبيئة المحيطة.

فيرى بعض الكتاب من علماء الإدارة (كاتس ـ كان ـ وايكو) أن المنظمة كنظام منفتح على البيئة التصرف بشكل مخطط ومبادر يؤثر في المجتمع حيث تتكيف مع المتغيرات البيئية وتشكل نفسها وفق فلسفة القيادات الإدارية المسئولة والتي تحاول توظيف مواردها بأفضل أسلوب اقتصادي. أما الكتاب الذي يرون العكس ـ أي أن المنظمة عبارة عن نظام جامد مقفل فيرون أن المنظمة تتصرف وفق ردود الأفعال الناتجة عن أحداث وسلوكيات البيئة المحيطة، أي أنها تأخذ البيئة القضية مسلم بها وتتحرك فقط عندما تؤثر البيئة فيها.

ونحن نرى أن المنظمة تتصرف بالأسلوبين في تعاملها مع البيئة بالمبادرة والتأثير في البيئة وبإتباع سياسات الرد على مؤثرات البيئة أحياناً أخرى.

سابعاً: المدخل الثقافي في تفسير المنظمات:

ويعني هذا المدخل أن المنظمات إنسانية ناتجة عن المركبات الثقافية المتعددة في المجتمع (الأنشطة الثقافية - القيم المشتركة - التاريخ في الماضي - الآمال المشتركة - الآلام المشتركة - الصعوبات والغايات - الحاجات والطموحات - الإمكانات والمفقودات - الفلسفات - السلوكيات - الصراعات والعادات والتقاليد - التركيب السكاني والإنساني - التعليم والصحة والرفاهية الاجتماعية - أسلوب وجود الحياة - التضاريس والظروف الجوية - الطبقة الاجتماعية والفروق الفردية والجماعية - النظام السياسي والاقتصادي والاجتماعي والفني - الحريات والديمقراطية - أسلوب التربة والتنشئة الوطنية والأسرية والثقافية العامة) لذلك

تختلف المنظمات من ثقافة لأخرى إلا أن فروع الشركات متعددة الجنسيات تسعى إلى الالتزام بتطبيق نموذج موحد للتنظيم مع التنسيق مع المركز الرئيسي.

وتستطيع كل منظمة أن تبنى الثقافة النوعية التي تحيط بها – مثل بعض المؤسسات الاقتصادية كالبنوك الإسلامية – والمؤسسة الاقتصادية للقوات المسلحة وبعض الشركات متعددة الجنسيات مثل شركات البترول كما تعني الثقافة النوعية لكل منظمة أيضاً أسلوب إدراك ورؤية المتغيرات البيئية، فقد ترى منظمة إما أنها غير ذات شأن بالمشكلة البيئية ولا تدخل في اهتمامها، وترى بعض المنظمات الأخرى أن التلوث (الهواء – الماء الصحيح – الثقافي) مسئولية أولى لها إذن تتضمن الثقافة هنا:

أ.   وصف للاتجاهات الواقعية وليس تقييم لهذه الاتجاهات.

ب.   هي إدراك ورؤية القيادات للدور الحقيقي لوجود المنظمات.

ج.   يصعب تغيير الثقافة التنظيمية مثال ثقافة المنظمة الحكومية. وهي تختلف تماماً عن ثقافة المنظمة بالقطاع الخاص حتى ولو وجدا في منظمة جغرافية واحدة.

د.   إذن الثقافة هي نتاج المنظمات والتاريخ والبيئة الاقتصادية والاجتماعية.

تساعد الثقافة التنظيمية في التنبؤ باتجاهات العمل وسلوك الوظائف على النحو التالي:

1.   تؤثر الثقافة التنظيمية على الحالة المعنوية للفرد:

فتصبح الحالة المعنوية مرتفعة عندما يحدث توافق وتطابق بين حاجات الفرد والثقافة التنظيمية. إذن سوف يوجد الأفراد الراغبون في الإنجاز المرتفع أن نسب الإشباع سوف تتحقق في المنظمات الجزئية المتجددة المتطورة المساندة للعمالة الماهرة مثل العمل في القطاع الخاص ولدى القيادات الشابة الباحثة عن الجديد.

2. وتؤثر الثقافة التنظيمية أيضاً في الأداء من خلال تطويع التكنولوجيا المناسبة:

فمن الملاحظ أنه كلما كانت الهياكل التنظيمية حريصة على التجديد والتطور (مثال إدخال تكنولوجيا المعلومات في العمل) كلما تحقق معدل مرتفع من الأداء (مثل الوضع في البنوك وشركات المطاعم ذات الوجبات السريعة).

3. فالثقافة التنظيمية: إذن هي مفتاح تطبيق الاستراتيجيات، بمعنى أنه يصعب تطبيق أي إستراتيجية طالما أنها تتعارض مع الثقافة التنظيمية.

4. ويرى البعض: أن الثقافة التنظيمية من أقوى الأساليب التنسيقية في العمل باعتبارها السحر الاجتماعي الذي يحافظ على النسيج المتكامل للمنظمة.

فالنجاح التنظيمي مرتبط بقوة الثقافة التنظيمية وتأثيرها على الإنجاز والأداء.

ثامناً: الإطار المتكامل لتفسير وتحليل المنظمات:

نحن نحتاج إلى إطار متكامل لتفسير وتحليل المنظمات حتى يمكن تشخيص الوضع الراهن للمنظمات المختلفة الموجودة في الدول العربية ويمكن استخدام هذا الإطار أيضاً لطرح العلاج المناسب للتطور التنظيمي وإدارة التغيير المخطط إذ من الضروري التحقق ما يلي:

1. هل تتفق الإستراتيجية التنظيمية المطبقة مع البيئة المحيطة العربية والدولية أم لا؟
2. هل الهيكل التنظيمي المقترح يتفق مع الإستراتيجية التنظيمية المطلوب تنفيذها؟
3. هل تناسب التكنولوجيا التي تم اختيارها كلا من الهيكل التنظيمي والإستراتيجية؟

4. هل تناسب العاملون والقيادات (الناس) الذين تم اختيارهم الثقافة التنظيمية السائدة والأهداف المقترحة؟

5. هل يناسب نوع ومهارات العاملين شكل وأهداف الهيكل التنظيمي المخطط؟

6. هل هناك توافق بين الأفراد والتكنولوجيا والأنشطة المطلوبة؟

7. هل يتناسب الهيكل مع الثقافة التنظيمية والإدارة؟

ويجب أن نعرف أن أي تغيير في أي عنصر من العناصر المذكورة يحتاج إلى تغييرات مخططة في العناصر الأخرى حتى يتحقق التوازن الشامل في الإطار التنظيمي. وبالتحديد أن أي منظمة كنظام (منظومة) تتكون من عدد من المنظومات النوعية مثل: (النظام التكنولوجي – النظام الاجتماعي – النظام الإنساني – النظام الهيكلي – النظام الثقافي – النظام الإداري – النظام الاقتصادي) وترتبط هذه المنظومات الفرعية مع بعضها البعض وتتخذ قرارات وتتصل وتتواصل وتنمو وتموت وتنفصل وتندمج ونطلق على هذا الإطار النظرية العامة للمنظومات وتطبيقها في تفسير المنظمات.

1. فلسفات السلوك الإداري:

يقصد بفلسفة المديرين مجموعة الفروض والقيم والمبادئ التي تشكل السلوك والأنشطة الإدارية في أي منظمة (على أساس أن الناس يقومون بتكوين جماعات عمل عندما يجدوا أن بعض الأعمال لا يمكن أن تتم فردياً) ومن هنا نجد أن العاملين هم عصب حياة أي منظمة وبدون سلوك الإدارة تصبح المنظمة وحدات متفرقة غير فاعلة ومن أهم فلسفات السلوك الإداري ما يلي:

1. الفلسفة الإنسانية للإدارة:

لما كانت الإدارة حركية على بناء مناخ يسمح للأفراد بتحقيق أهدافهم، وهي اتخاذ القرارات وإتمام الأعمال عن طريق الغير. لذلك تضمنت عمليات اختيار وتوظيف وتنظيم عوامل الإنتاج لتحقيق الأهداف اختيار فلسفة محددة وأسلوب

للقيادة (فن التأثير في الناس) ومن فلسفات الإدارة ما يطلق عليه الفلسفة الإنسانية والتي تقوم على عدد من القواعد الثابتة.

1. دراسة أسباب والأبعاد الفسيولوجية لطاقة الفرد على العمل بكفاءة.
2. دراسة حوافز العاملين والحالة المعنوية.
3. دراسة الاتصالات الفعالية بين الناس في المنظمات أفقياً ورأسياً ووترياً.
4. تحديد أسلوب التحول من المناخ السلطوي إلى المناخ الديمقراطي.
5. تدريب الناس على المهارات السلوكية وتقبل النقد الذاتي من الغير.
6. تطوير وتجديد المنظمات بالأساليب غير العشوائية المخططة.
7. الاهتمام بالمشاركة والأهداف (العاملون مع المديرين).

إذن تركز الفلسفة الإدارية والإنسانية على الفرد كعضو هام في المنظمة الصحة النفسية للأفراد والانتماء والأمن الوظيفي ودوافع الإنجاز والنتائج والمخرجات الإنسانية عامة في المنظمات.

2. **الفلسفة العملية للإدارة:**

وهي تركز على تحسين الإنتاجية والإنتاج ـ وتهتم ببعض أو كل الأبعاد التالية:

1. تحليل الزمن والحركة والقضاء على مضيعات الوقت.
2. تطبيق خطط الجزاءات والأجور الإضافية.
3. تحديد أحسن طريقة لأداء الوظيفة الواحدة.
4. البحث عن الحلول المثالية للمشكلات وتطبيقها.
5. تخطيط وبرمجة وميزانيات الأعمال المختلفة.
6. الاهتمام بنظام المعلومات الإنسانية.
7. برامج بيروت لتقيم البرامج وأساليب المراجعة (التكلفة – الوقت).

فالتركيز هنا على الإنتاجية الاقتصادية وجوده المنتجات وتحقيق أقصى الأرباح.

3. **الفلسفة الهيكلية للإدارة:**

تقوم الفلسفة الهيكلية للإدارة على عدد من الفروض التالية:

1. العمل وفق خطة محددة.
2. تعريف العاملين بالإنتاج المتوقع منهم.
3. التحقق من التناسق بين وظائف الأفراد والإدارات المختلفة.
4. التأكد على الالتزام بالمواعيد المقررة في الخطة والميزانية التقديرية.
5. المحافظة على معدلات أداء محددة.
6. التحقق من أن العاملين ينتجون لأقصى طاقة ممكنة.
7. النقد المستمر للعمل غير الجيد والعمالة الرديئة.

4. **فلسفة العوامل الثنائية للإدارة:**

حيث ترى أن الإدارة تحاول التوازن بين نسب متعددة من كل نوع من العوامل التالية:

1. مجموعة عوامل الإدارة بالأهداف. أي التحقق من وضوح الأهداف ونشرها من القمة للقاع في التنظيم (أي لدى جميع العاملين من العمال حتى أعضاء مجلس الإدارة).
2. مجموعة عوامل مشاركة العاملين للإدارة في وضع الأهداف على النحو التالي:

النماذج	الإدارة بالأهداف	الإدارة بالمشاركة	الفلسفة
النموذج الأول	(-) سلبي	(-) سلبي	السلبية
النموذج الثاني	(-) سلبي	(-) سلبي	الإنسانية فقط
النموذج الثالث	+	-	الأوتوقراطية فقط
النموذج الرابع	+	+	الإنسانية الفعالة

5. **فلسفة درجات الاهتمام بالإنتاج وبالناس في نفس الوقت:**

النماذج	الإدارة بالأهداف	الإدارة بالمشاركة	الفلسفة
أدنى جهد للبلقاء	(1+)	(+)	(الحرية) 11
احترام السلطة	9	1	(السلطة) 19
إشباع حاجات	1	9	(المصطبية) 91
الناس فقط	0	0	0
التوسيطة	5	5	(الرجل التنظيمي) 5، 5
الإنسان الفعال	9	9	(إدارة الفريق) 9، 9

على أساس أنس الإدارة الفعالة تتطلب توفر خصائص شخصية ومعلومات فنية ومهارات إدارية. ويمكن التفرقة بين أربع أنماط من التواجد البشري هم:

الإنسان المضطرب - الإنسان المعطاء - الإنسان العقلاني - الإنسان الموازن بين العقلانية والعاطفية - أي أن النموذج الإنساني الفعال ذو الخصائص العشر التالية:

1. تماسك الذاتية للفرد (الشخصية).
2. تخفيض المظهر في السلوك.
3. التحرر من التعصب والانعزالية.

4. الاستقلالية.
5. الشعور بالمسؤولية.
6. القدرة على الاتصال بموضوعية.
7. القدرة على التبرير والمنطق.
8. القدرة على حل المشكلات.
9. مراعاة مشاعر الغير.
10. الحياة المبدأ أو هدف يسعى إليه الفرد.

شكل يوضح مقارنة طرق إحداث تغير تنظيمي

مداخل أحداث التغيير	مداخل أحداث التغيير	مداخل أحداث التغيير	مداخل أحداث التغيير
الأفراد	التعليم – التدريب – تغيير الاتجاهات – التغيير الاجتماعي للأفراد	تحسين المهارات والاتجاهات والحوافز	يتحدد سلوك الفرد في المنظمة بسلوك جميع الأفراد أعضاء تلك المنظمات.
تغيير الهيكل التنظيمي ونظم العمل	تعديد الممارسات التنظيمية والإجراءات والسياسات التي تؤثر في الناس	إيجاد ظروف مناسبة وحوافز تحقق إحداث التغيير وتحقيق الأهداف	يتحدد سلوك العامين بالخصائص العامة للمنظمة.
البيئة التنظيمية والعلاقات	استخدام أساليب تحسين زيادة وعي العاملين مع تحسين شعورهم تجاه الغير لمواجهة المواقف المختلفة	إيجاد تنظم لمناخ العمل يتسم بالثقة المتبادلة وتخفيض العمال الأقل فعالية وفائدة للمنظمة.	يتحدد سلوك العاملين بالعواطف والمشاعر والعمليات الجماعية التي تميز العلاقات بين الناس.

ويمكن تغيير الناس في المنظمات في مراحل متعددة. مثلاً في الاختيار والتدريب الأولى على العمل أو إنهاء خدمة بعض العاملين، أضف إلى ذلك إمكانية التغيير في عمليات التدريب والتطوير الاجتماعي للأفراد. وتغيير حوافز الناس. هذا وتستطيع المنظمات تغيير سلوك العاملين وإحداث تغييرات مستمرة من خلال تغيير حجم وحدات العمل أو تغيير شكل تلك الجماعات (مثل نوع الاتصالات الدائرية أو السلطة أوالمروحة أو المركبة) وعن طريق التحول من المركزية إلى اللامركزية أو من خطوط الإنتاج إلى تطبيق دوائر الإنتاج ويعتبر التحول من التنظيم الوظائفي للتنظيم المصفوفي وفرق العمل والمشاريع أسلوباً جديداً لإحداث تغييرات سلوكية في المنظمات، كذلك يعتبر أيضاً إحداث تغيير سلوكي في المنظمات. ولقد ذكرنا من قبل إن استخدام نظم التحفيز والدافعية يؤدي أيضاً لتغيير الناس والمنظمات.

وتعتبر الإدارة بالأهداف أحد أساليب إحداث تغيير في المنظمة والآتي تتصف بالفعالية بسبب تركيزها على الأهداف والمشاركة في تحديدها. وتتصف عملية التغيير المنظم داخل العمل بالخصائص الآتية:

1. تغيير الجماعات أكثر فعالية من تغيير الفرد الواحد.
2. تخفيض المنافسة بين أعضاء الجماعات وتنمية روح الفريق والتعاون في العمل.
3. يتم اتخاذ القرارات في المنظمة عند نقاط تدفق المعلومات وخاصة في المنظمة الصحيحة.
4. يجب أن تتجه الإدارة نحو الأهداف بربط الوظيفة والنشاط بالهدف.
5. تنمية الاتصالات المفتوحة والثقة بين مستويات الإدارة وفي جميع الاتجاهات.
6. يشجع الأفراد ما يقومون ببنائه. ومن ثم يجب إشراكهم في وضع النظم واللوائح.

أي أنه يجب أن يتحقق التكامل في الطريقة التي تطبق في إحداث التغيير بدلاً من تطبيق طرق جزئية من الطرق السابق ذكرها. من هذه الطرق المتكاملة

الشاملة الطريقة التي تستهدف نقل المنظمة من مستوى معين للمستوى الأعلى الأكثر فعالية 9، 9.

وتطبيق طريقة المربعات البيانية بإتباع المراحل التالية:

1. قياس نمط المديرين الحالي في المنطقة ـ أي مكان المديرين على شكل المربعات البيانية.
2. دراسة السلوك الفعلي والديناميكي للمنظمة وتنمية جماعات عمل.
3. دراسة ديناميكية العلاقات بين الجماعات في المنظمة.
4. تنمية نموذج مثالي عن طريق الإدارة العليا باستخدام معلومات وبيانات أساسية.
5. تكوين فرق عمل ومجموعات مشاريع لتطبيق النموذج علمياً.
6. قياس التغييرات وتحقيق استقرار تنظيمي للإنجازات ووضع جداول أهداف جديدة.

وقد يتم التغيير من أعلى لأسفل أو من الوسط في الاتجاهات العليا والسفلي أو من أسفل لأعلى.

وقد يتم التغيير بالتدريج أو مرة واحدة داخل المنظمات، وتختلف مميزات وعيوب كل طريقة وفق نوع التغيير المستهدف مثل نقل التقنية أو إدخال حاسب إلكتروني أو تغيير نظام وطرق العمل وتطبيق اللامركزية وفرق العمل.

أ. **أهداف التغيير التنظيمي وتطوير المنظمات:**

يجب أن تتصف أهداف التغيير التنظيمي بإمكانية التطبيق العملي والإمكانية الفنية وأن تكون الأهداف أقل تكلفة أو اقتصادية ويمكن قياس نتائجها. وتفترض عمليات تطوير المنظمات الآتي:

افتراض عمليات التطوير التنظيمي:

أ.   للأفراد طاقة عمل ونمو.

ب.   يرغب الفرد في التغيير والنمو والتطور.

ج.   يمكن التوفيق بين الأهداف الفردية والأهداف التنظيمية.

د.   يفضل التغيير الصريح للمشاعر والأحاسيس والانطباعات.

هـ.   تشجيع روح التعاون بدلاً من روح المنافسة في المنظمة.

أي أن الثقة تؤدي إلى إيجاد علاقات واتصالات مباشرة ومفتوحة. ويحقق ذلك مواجهة مباشرة للنزاعات والخلافات وحلها بطريقة فعالة قبل أن تتفاقم ونتيجة ذلك مضاعفة الأعمال المشتركة ومن ثم تحسين الحيوية التنظيمية وتحقيق الأهداف العامة.

وللحفاظ على المنظمة يتطلب الأمر توضيح أهداف العمل والأداء عن طريق الالتزام بالاعتبارات الآتية:

1.   توضيح الأهداف التنظيمية.

2.   تشجيع أعضاء المنظمة للالتزام بإنجاح الأهداف التنظيمية.

3.   إيجاد مناخ مناسب لحل المشكلات.

4.   زيادة التجديد والتطوير والابتكار.

5.   التشغيل الأمثل للمواد الاقتصادية التنظيمية.

ويتطلب ذلك في الحقيقة ضرورة التفرقة بين العمل الفعال والعمل غير الفعال وتحديد الأعمال الإدارية والأعمال غير الإدارية وتوضيح دور النقابات بالنسبة للمنظمات، ومسئولية وحدات العمل بالنسبة للمنظمة ككل والقيادات والوحدات أو اللجان الاستشارية.

ب. معايير الفعالية التنظيمية:

تتضمن الفعالية التنظيمية القدرة على تشغيل المدخلات لتحقيق أقصى معدلات المخرجات والنتائج مثلاً معدل جودة عال للخدمات ونسبة هدم قليلة للبيئة مثال التلوث، معدل عال من الثقة، ومشاركة إيجابية فعالة للصحة النفسية والفسيولوجية لأعضاء المنظمات. أي أن الفعالية تعني تحقق عائد للمنظمة بالمفهوم الاقتصادي والمفهوم السلوكي أيضاً. ونفرق بين الفعالية في الأجل القصير وتلك في الأجل القصير الطويل.

ويمكن تحسين الفعالية التنظيمية عن طريق واحد من النموذجين الآتيين:

1. نموذج الأهداف.
2. نموذج النظام.

ويتم تحديد مقاييس الفعالية في التنظيم الأول على أساس دراسة جداول الأهداف وأنواعها وأولوياتها (أي بالنظر للمخرجات أو المدخلات فقد أي الأهداف المخططة أو الأهداف المحققة فقط) أما نموذج النظام فيأخذ بالعلاقات بين المدخلات والمخرجات من جهة وبين المصادر والاستخدامات من جهة أخرى. وتساعد العلاقات الإنسانية الطيبة على تحسين الفعالية التنظيمية وتحقيق الأهداف وزيادة عقلانية وترشيد السلوك تبعاً لذلك ويساعد على توجيه الإنسانية الفعالة نوع السلطة والهيكل التنظيمي والرقابة والمستخدمة في المنظمة.

$$\text{الفعالية} = \frac{\text{الهدف المحقق} + \text{الانتماء}}{\text{الهدف المخطط} + \text{الالتزام}} = (\text{درجة النجاح في تحقيق الأهداف})$$

وتستخدم بعض المنظمات التدريب السلوكي للجماعات الإنسانية T, G لتحقيق زيادة في الفعالية عن طريق زيادة الإحساس بالغير ويقلل الحساسية وقبل نقد الغير وتحسين الإدراك والقدرة على الإقناع والتفاهم واحترام شعور الآخرين وزيادة القدرة على الانتماء والتماسك الجماعي. فالتدريب السلوكي إذن عبارة عن

عملية تربوية تعليمية تساعد على حسم عديد من المشاكل التنظيمية، وهي إذن ليست علاجاً سريعاً ولكن وسيلة لتشخيص الأمراض السلوكية والتنظيمية وتختلف تجربة التدريب السلوكي باختلاف المتدربين والهدف وتبعاً المنظم والبيئة الثقافية المحيطة بها. وعندما يكون مناخ التجربة مفتوحاً ويتسم بالثقة والالتزام وتحمل المخاطر تصبح أنماط السلوك مترابطة وتساعد بعضها البعض.

التنمية التنظيمية وتطوير المنظمات (مرة أخرى):

تستهدف التنمية التنظيمية إحداث تغيير شامل نظامي في أي منظمة، ويعتمد ذلك على تغيير التكوين السلوكي العام بغرض ربط الأداء بسلوك الجماعات الإنسانية في العمل. وتوفر التنمية التنظيمية (ت. ت) إذن للناس في المنظمات المميزات التالية:

1. إعطاء الفرصة للناس ليعلموا كعنصر بشري إنساني فعال.
2. تحقق للفرد تشغيلاً كاملاً لأقصى طاقته.
3. تزيد من فعالية المنظمة ومن درجة تحقيق أهدافها.
4. التأثير في طرق تفاعل الأفراد والجماعات داخل المنظمات.
5. تزيد من فعالية البيئة التي يعمل فيها الفرد وإيجاد نوع من التحدي لأداء العمل.
6. معاملة الإنسان في العمل كفرد له مركب صعب من الحاجات الإنسانية.

وتقوم عملية التنمية التنظيمية (ت. ت) على الآتي:

أ. حل المشكلات بالمواجهة المباشرة مثال مبادرة الرئيس السادات.
ب. التدريب السلوكي مثل التربية الإسلامية في الأسرة وفي الإدارة.
ج. تنمية الجماعات الصغيرة وفرق العمل والمشاريع الصغيرة في المنظمات.
د. فن التدخل لإحداث التغيير المنظم.

وتعتمد تكنولوجيا التنمية التنظيمية على التعليم التنظيمي وتحسين طرق التفاعل الفني والإداري والشخصي بين الأفراد وتعتمد أيضاً على افتراض أن الإنسان يميل للخير والإنتاجية والعمل ولديه الطاقة، والقدرة عليه. ويتضمن التغيير المخطط الذي يتحقق من تطبيق التنمية التنظيمية تغيير الاتصالات ومصادر المعلومات والقيم والاتجاهات. ويأخذ التغيير التنظيمي مراحل أساسية تتضمن الخطوات الآتية:

1. تنمية الحاجة لتدريبه على فك أجزاء النظام لعناصره الأساسية.
2. بناء علاقات تغيير أساسية.
3. التحرك نحو إحداث التغيير.
4. تصميم النتائج والعمل على استقرار التغيير بعد إدخاله.
5. التوصل لعلاقات أساسية.

ونستخلص من العرض السابق إن الإنتاج والأداء والأهداف والآمال والتطلعات ذات قاعدة سلوكية ذهبية يجب اكتشافها والاستفادة منها إذا أرادت المنظمات ضمان تحسين الإنتاجية والداء والأهداف. ومن ثم فالديمقراطية التنظيمية أمر أساسي ضروري لا غنى عنها اليوم ويجب أنتحل السلطات المركزية الاستغلالية والخوف من السلطة والتملق والخداع والنفاق بين أفراد المنظمات، ولم تصبح أيضاً دراسة السلوك في المنظمات عملية تجربة وحذف أخطاء بقدر ما أصبحت دراسة منظمة تعتمد على إجراء التجارب وبناء النماذج واختيارها إحصائياً بغرض الاستنتاج وتعميم النتائج بطريقة علمية. ومن أمثلة هذه النماذج تجارب التدريب السلوكي أو المعامل السلوكية. تجارب تقييم الأداء وخطط الحوافز والدوافع ومقاييس الاتجاهات والشخصية وتماسك الجماعات والتنمية والتنظيمية والفعالية التنظيمية.

الفصل العاشر
بيئة الإدارة الدولية

بيئة الإدارة الدولية

تشير الشواهد العملية والأدلة والإحصاءات إلى أن عقد التسعينيات من القرن الحالي قد شهد زيادة كبيرة في الاستثمارات والتجارة الدولية. كما شهد انتشار نشاطات الشركات متعددة الجنسيات وتعددها في مختلف أنحاء العالم (في أمريكا الشمالية وأوروبا، ودول الباسفيك واسيا وأفريقيا... وغيرها) سواء في شكل استثمارات مباشرة أو شراكة مع مستثمرين بالدول المضيفة، حتى أن الشركات صغير الحجم أصبحت أكثر إدراكاً لأهمية البحث عن فرص للاستثمار والدخول للأسواق الدولية كوسيلة للبقاء والاستمرار، كما تعاظم الاتجاه نحو تدويل كافة نشاطات الأعمال.

وإذا كانت إدارة الأعمال الدولية لا تعتبر ظاهرة حديثة رغم أن حجم التجارة الدولية خلال العقد الأخير من هذا القرن قد ارتفع بدرجة خيالية، وحيث أن جميع الدول والشركات في الوقت الراهن تمارس نشاطات البيع والشراء والتسويق والاستثمار وغيرها في الأسواق الدولية فقد يكون من المفيد الإشارة إلى عدة تغييرات أو عوامل تؤثر بدرجة كبيرة على إدارة الأعمال الدولية بشكل عام وذلك على النحو الآتي:

1. أن ما حدث من نشاطات وبرامج تنموية في عدة مناطق جغرافية مختلفة على الصعيد الكوني يؤثر بدرجة كبيرة على عمليات التدويل، ومن أمثلة ذلك ما يلي:

أ. توقيع الولايات المتحدة وكندا والمكسيك على الانضمام لاتفاقية التجارة لشمال أمريكا (NAFTA)، وهذه الاتفاقية تقضي بإزالة كل القيود المفروضة على التجارة بين الدول الأعضاء، ومن ثم يؤدي إلى خلق سوق ضخم بالشمال الأمريكي، ويتوقع في القريب العاجل انضمام شيلي والبرازيل والأرجنتين لهذه الاتفاقية الأمر الذي سيؤدي إلى خلق ما يسمى بالسوق الأمريكي العملاق.

ب. ظهور الاتحاد الأوروبي الذي يضم 15 دولة حتى الآن، ووجود محاولات من دول أخرى مثل تركيا ورومانيا وألبانيا والتشيك، وسلوفاكيا ولاتفيا واستونيا وبلغاريا وليتوانيا للانضمام إلى هذا الاتحاد سيؤدي إلى خلق سوق عملاق مثل السوق والتجارة البينية بين هذه الدول جميعها.... وقد يصل الأمر كما يرى البعض إلى قيادة هذا الاتحاد للاقتصاد الكوني ومن ثم قد تتغير معادلة الصراع على القمة الاقتصادية في القرن القادم.

ج. التغيرات الجديدة التي طرأت على اتفاقية الجات التي ستؤدي إلى زيادة ودعم التجارة على المستوى العالمي حيث سيتم تخفيض الرسوم الجمركية على بعض أنواع السلع بنسبة 38% وإلغاء هذه الرسوم كلية على البعض الآخر.

د. تعاظم الدور الاقتصادي الذي تلعبه النمور الآسيوية وتناميه على المستوى الكوني بالإضافة إلى الصين الذي تمثل سوقاً من اكبر الأسواق العالمية، فضلاً عن أن التحالف الاقتصادي لدول جنوب شرق آسيا المعروف باسم آسيان باكت "ASEAN PACT" الذي يضم اندونيسيا والفيليبين وماليزيا وسنغافورة وتايلاند، وحديثاً فيتنام أدى إلى تنمية وتطوير التصدير ليس فقط على صعيد الدول الأعضاء بل أيضاً لدول أخرى كثيرة، بالإضافة إلى انه خلق سوقاً كبيراً (في هذه المنطقة من العالم) أصبح يؤثر بدرجة كبيرة على الاقتصاد العالمي.

ه. التحول نحو اقتصاد السوق من قبل عدة دول في شرق ووسط أوروبا وجمهوريات الاتحاد السوفيتي السابق، ودول البلقان الأمر الذي جعلها هدفاً لكثير من الشركات متعددة الجنسيات مثل شركة كوكاكولا وبيبسي حيث اتسع حجم السوق وتضاعف حجم استثمارات هذه الشركات منذ دخولها لهذه الأسواق في عام 1992.

و. تزايد النشاط الاقتصادي في دول أمريكا اللاتينية بالرغم من المشكلات السياسية والاقتصادية التي أدت إلى تراجع معدلات النمو في بعض الدول، بالإضافة إلى قيام بعض الدول بتوقيع اتفاقيات للتجارة وبدء العمل بها في عام 1996 (الأرجنتين، أروجواي، باراجواي والبرازيل) فضلاً عن الاتفاقية المعروفة باسم آنديان باكت ANDEAN PACT التي ساهمت في تنمية التكامل والتجارة وبيرو، وفنزويلا).

ز. بالإضافة إلى ما سبق فان النمو الاقتصادي الذي طرأ على بعض البلدان حديثاً (مثل الهند، ومصر وباكستان....) وفي بعض الدول النامية الأخرى سوف يؤدي إلى جعلها أسواقاً جاذبة وواعدة للتجارة وللاستثمارات الأجنبية.

ح. إن الأمثلة الأربعة التي سبق عرضها بالفصل السابق تقدم أيضاً أدلة واقعية للتغيرات التي طرأت على بيئة إدارة الأعمال الدولية خاصة في العقد الأخير من هذا القرن.

تساؤلات مطروحة للإجابة:

ما هي التغيرات السياسية والاقتصادية التي حدثت في العالم خلال العقدين الأخيرين من القرن العشرين؟

ما هي جوانب التطور التكنولوجي الرئيسية التي تؤثر على الشركات العالمية في الحاضر والمستقبل؟

1. البيئة السياسية: بخصوص الإجابة على التساؤل الأول يجدر بالذكر أن البيئة السياسية الداخلية والدولية تؤثر بدرجة كبيرة على الشركات العالمية/ متعددة الجنسيات. فإذا غيرت الحكومات سياساتها فان هذه الشركات يجب أن تقوم بإعادة النظر في استراتيجياتها وممارستها المختلفة حتى تتلائم مع التحديات أو مع التغيرات التي حدثت في سياسات الحكومات، وعلى الصعيد الدولي نلاحظ ما يلي في الوقت الحالي على سبيل المثال:

أ. تمر الصين، وهي اكبر سوق عالمي، بمرحلة تحول اقتصادي وسياسي ملموسة منذ رحيل الحرس القديم (قادة الحزب الشيوعي) وتولي جيل جديد زمام الأمور ومحاولات إعادة هيكلة أو صياغة النظام الاقتصادي فيها لكي تصبح من اكبر القوى الاقتصادية على مستوى العالم، وقد جاءت هذه المحاولات كرد فعلف لثورات طلاب الجامعات، وتراجع الفلسفة الشيوعية القديمة أمام التطورات العالمية، وكمحاولة لإزالة عدة أنواع من الخوف لدى

الجمهور الصيني (الخوف من التضخم، الخوف من البطالة، غضب الفلاحين الناتج عن تقلص مساحات الأرض الزراعية كنتيجة للصناعة، وتفضيل الفلاحين بيع المنتجات الزراعية في السوق السوداء بدلاً من توريدها إلى الجهات الحكومية المعنية). بالإضافة إلى حالات الفساد التي كانت متفشية خلال فترات حكم الحرس القديم.

ب. أن الموقف السياسية في أوروبا مستمر في التغير، روسيا مثلاً تواجه أزمات ومشكلات اقتصادية واجتماعية، وتحاول الأخذ بنظام اقتصاديات السوق، أما دول وسط وشرق أوروبا فهي تتصف بالتباين في درجات النجاح الخاصة بتوسيع هامش الحرية ولاسعي أو النضال إلى التخلص من الماضي بأنظمته وسياساته، ففي بولندا انهزم ليخ فاونسا زعيم الديمقراطيين في الحصول على فترة رئاسة تالية أمام أنصار المد الشيوعي أو الاشتراكي القديم، وفي جمهورية التشيك بدأ برنامج الخصخصة بحظي سريعة في التطبيق، ويراهن أنصاره على أن القطاع الخاص قادر على تحقيق فعالية في الأداء الاقتصادي بدرجة اكبر من الحكومة، وفي دول أخرى مثل المجر، وبولونيا تفضل بيع الشركات المملوكة للدولة بعد إعادة تنظيمها.

ج. اتجاه الكثير من دول العالم نحو الأخذ بنظام اقتصاديات السوق وديمقراطية الحكم.

د. إن التغيرات التي حدثت وما زالت تحدث في الأسواق المذكورة وغيرها بلا شك تمثل فرصاً للشركات التي تسعى إلى تدويل أو عولمة نشاطاتها (المنتجات/ الخدمات) كما أنها قد تخلق تهديدات لبعض الشركات الأخرى، لذلك يجب قبل اتخاذ القرار القيام بعملية تقييم للأخطار السياسية وغير السياسية الناجمة عن مثل هذه التغيرات.

ﻫ. إن ما يحدث من تغيرات سياسية في دول البلقان أو منطقة القوقاز، وكذلك التغيرات التي حدثت في باكستان واستقلال إحدى جزرها الرئيسية وما حدث في يوغسلافيا السابقة إنما تنذر بمزيد التغيرات المتوقعة في الخريطة السياسية العالمية مما يجعل عملية رصد والتنبؤ بهذه التغيرات بمثابة ضرورة لأي قرار استثماري تتخذه أي شركة عالمية.

2. البيئة القانونية: في هذا المجال قد يكون من المفيد الإشارة إلى أن البيئة الدولية الآن – تتصف من وجهة نظر الشركات العالمية أو الكونية – بالتشوش أو التخبط والتعقيد، ويرجع هذا إلى تعدد واختلاف القوانين والضوابط القانونية والإجرائية بين الدول، وبنظرة سريعة لمصادر هذه القوانين والضوابط والإجراءات نجد أنها تتمثل في:

أ. الشريعة الإسلامية (القرآن والسنة النبوية الشريفة).

ب. القوانين الاشتراكية المنبثقة عن النظام الماركسي والمؤثرة بضوابطها على الدول التي كانت تأخذ بالنظام الشيوعي مثل دول الاتحاد السوفيتي السابق، والصين وكوريا الشمالية وكوبا.

ج. القانون العام الذي يستمد مصادره من القوانين الانجليزية والفرنسية والاسترالية وغيرها.

د. القانون المدني المستمد من الأصول أو القوانين الرومانية القديمة (والمعمول به حتى في دول غير إسلامية والدول غير الاشتراكية).

مع الأخذ في الاعتبار هذه المشكلة فان الشركات العالمية يجب أن تدرك المبادئ الرئيسية للقانون الدولي الذي ستعمل في إطاره حتى وان تأثرت بالقوانين على مستوى السوق المضيف وكذلك القانون المحلي بالدولة الأم ومن أهم هذه المبادئ ما يلي:

1. مبدأ السيادة (سيادة الدولة) طبقاً لهذا المبدأ فان كل حكومة لها الحرية والسيادة في سن القوانين التي تراها ملائمة لها، وأن النظام القضائي في إحدى الدول لا يستطيع فرض عقوبات على دولة أخرى. فمثلاً القانون الأمريكي يكفل فرض العدالة في العمل لجميع العاملين، بينما المواطن (المدير) الأمريكي الذي يعمل في اليابان لا يستطيع فرض هذا القانون أو تطبيقه على اليابانيين خشية الفشل في تحقيق تكافؤ الفرص بين العاملين أو لتعارضه مع القانون الياباني.

2. مبدأ الجنسية فكل دولة لها الحق أو السلطة الكاملة في مقاضاة مواطنيها بغض النظر عن أماكن تواجدهم (أي حتى لو كانوا خارج حدودها).

3. مبدأ الإقليمية والذي يشير إلى أن كل دولة لها الحق في تطبيق قوانينها داخل حدودها القانونية أو الجغرافية المعترف بها دولياً. فالشركة الألمانية التي تبيع سلعة معينة أو غير صالحة للاستخدام الآدمي في بريطانيا يمكن محاكمتها طبقاً للقانون البريطاني حتى ولو كان مركز الشركة الرئيسي خارج حدود بريطانيا.

4. مبدأ الحماية، وهذا المبدأ يعني أن كل دولة لها الحق في وضع وتطبيق القوانين التي تكفل حماية الأمن القومي والسلامة العامة للوطن والمواطن.

ويوجد مبادئ أخرى من شانها توفير كافة الحقوق القانونية للدولة – أي دولة – في الامتناع عن منح تأشيرات دخول لأي أجنبي أو وضع قيود معينة على ممارساته أو بعض الممارسات الأخرى أو تقييد سفر بعض الأفراد... الخ.

ومن أمثلة ذلك قيام الولايات المتحدة بمنع دخول إيرانيين وباحثين من الصين إلى أراضيها لحضور بعض المؤتمرات أو حرمان إيرانيين داخل الولايات المتحدة من السفر إلى مكان معين داخل الولايات وبقائهم بعيداً عن هذا المكان مسافة 5 كيلو متر.

كما يوجد مبدأ آخر يعني أن كل تصرف قانوني تقدم عليه أي حكومة يعتبر صادقاً ومعترف به حتى لو كان ضد مصلحة دولة معينة. فمثلاً يمكن لأحد الحكومات منع الشركات الأجنبية من تحويل أرباحها للخارج (للدولة الأم مثلاً)، وأخيراً يوجد مبادئ خاصة بالتحكيم الدولي وفض المنازعات في ضوء قوانين التجارة الدولية وأعرافها السائدة.

يضاف إلى ما سبق أن الشركات العالمية متعددة الجنسيات يجب أن تتفق على التحكيم في حل المنازعات بين أطراف عقد الاستثمار. كما يجب أن تدرك

القضايا المرتبطة بالتحكيم الدولي سواء ما يرتبط بالتحكيم التجاري الدولي وحالاته المختلفة (مثل هل المركز الرئيسي لأعمال الطرفين يقع في دولتين مختلفتين، هل يمكن اللجوء إلى منظمة تحكيم دائمة، هل موضوع النزاع يرتبط بأكثر من دولة... الخ)، وكذلك العلاقة بين سيادة الدولة وفكرة أو قابلية الموضوع محل النزاع للتحكيم، وما هي قواعد الموضوعية في قوانين التحكيم، وكيفية أعمال قواعد التجارة الدولية في قضاء التحكيم... وغيرها.

لا شك أن المبادئ السابقة تساعد في تشكيل الإطار القانوني والإجرائي للبيئة الدولية التي تعمل فيها الشركات العالمية، وتؤثر وتتأثر بها، وفيما يلي بعض الأمثلة:

1. بعد فضيحة ووترجيت في السبعينيات وتورط بعض الشركات في الرشوة قامت الحكومة الأمريكية بوضع مجموعة من القوانين للحد من الممارسات اللاأخلاقية في الأسواق الدولية (Foreign Corrupt Practices Act) لتحسين الصورة الذهنية عن الولايات المتحدة وشركائها في الخارج، وفي اليابان تواجه الشركات العالمية ظاهرة تفشي الفساد والبيروقراطية أيضاً.

2. البيروقراطية تعتبر من أهم المشاكل وأكثرها تعقيداً أمام الشركات العالمية في الأسواق الدولية: في اليابان على سبيل المثال يوجد حوالي 11000 إجراء قانوني يحكم ممارسة وتنفيذ الأعمال وتبلغ تكلفة تنفيذ هذه الإجراءات في مجال الصناعة حوالي 75 إلى 100 مليار دولار في العام. فمثلاً تكلفة نقل أو شحن مستوعباً أو حاوية Container حجمه 20 قدم^3 من طوكيو إلى اوزاكا تبلغ 1888 دولار بينما يكفي 1444دولار لنقل هذا المستوعب من اليابان إلى أوروبا، لهذا يجب على الشركة المعنية أن تتعلم قبول ارتفاع تكلفة ممارسة الأنشطة والأعمال باليابان التي تعتبر من أكثر دول العالم بيروقراطية، وهذه الإجراءات القانونية أو البيروقراطية لا تعوق عمل الشركات العالمية/ الأجنبية فقط بل تعوق أيضاً نظائرها من الشركات المحلية العاملة في اليابان.

3. الخصخصة: من بين أهم التغيرات التي حدثت في البيئة الدولية من المنظور القانوني والإجرائي، هي الاتجاه نحو الخصخصة في كثير من دول العالم. فالحكومة الألمانية قررت في الآونة الأخيرة الإسراع بخصخصة صناعة الاتصالات السلكية واللاسلكية وتحرير سوقها بالكامل (تبلغ قيمة أصول هذه الصناعة حوالي 66 مليار دولار)، وهذا الاتجاه بلا شك أدى إلى توافر العديد من فرص الاستثمار لكثير من الشركات العالمية ومتعددة الجنسيات التي تسعى للشراكة مع الشركات الألمانية (قانت الشركة البريطانية للكابلات واللاسلكي بشراكة شركة فبا VEBA الألمانية في الآونة الأخيرة).
4. البيئة الاقتصادية، تمر البيئة الاقتصادية للإدارة الدولية بتغيرات ربما أكثر سرعة من نظائرها السياسية والقانونية. فزيادة عدد الشركات التي بدأت في الدخول إلى الأسواق العالمية والتوسع في عملياتها وأنشطتها خارج حدود أراضي الدولة الأم اثر بشكل كبير على الاقتصاد العالمي، وببساطة فان المستقبل لن يكون مجرد انعكاس للماضي، فاتساع السوق العالمي وسهولة الاتصال يوفر الفرص أمام الشركات أما لدخوله أو التوسع في عملياتها داخلة بغض النظر عن طبيعة نشاط هذه الشركات، والأمر لم يعد مقتصراً على الشركات الصناعية فقط، فمثلاً سلسلة محلات التجزئة الأمريكية المعروفة باسم وول مارت Wal - Mart بدأت حديثاً في توسيع نشاطها داخل المكسيك وهونج كونج، وفي نفس الوقت تضع السوق الصيني أمام عينها باستمرار، كما أنها اكتشفت أن اختيار عدد بسيط من المنتجات لبيعها في السوق الآسيوي سيكون أكثر ربحية من بيعها في السوق الأمريكي، ونفس الحال بالنسبة لمحلات التجزئة البريطانية فمثلاً نجد أن محلات ماركس آند سبنسر Marks & Spencer لها أكثر من 150 فرعاً صغيراً منتشرة في بلدان منها 6 فروع في :

أ. ظهور القوى الاقتصادية العظمى سواء تمثلت في التكتلات الاقتصادية الدولية أو التحالفات الاستراتيجية الكونية بين الشركات العالمية أو في الشركات متعددة الجنسيات أيضاً، وبالنسبة للأخيرة فان آخر الإحصائيات المتاحة للمؤلف المنشورة في آب (أغسطس) 1995 تشير إلى وجود مجموعة مكونة من 25 شركة عالمية (متعددة الجنسيات) تتصف بالاتي:

الشركات	إجمالي قيم المبيعات (بالمليون دولار)	حجم الأرباح (بالمليون دولار)	إجمالي عدد العاملين (بالمليون دولار)
اصغر شركة (كانيماتسو اليابانية)	55.856.1	153	8431
اكبر شركة بالمجموعة ميتسوبيشي	175.835.6	218.6	36000

المصدر : مجلة فورنش، 7 أغسطس، 1995، ص 1.

وبقياس حجم عدد العاملين في شركات عالمية أخرى نجد الآتي أيضاً:

- بلغ إجمالي عدد العاملين في شركة هيتاتشي 600.000 عامل وموظف، وفي شركة أي بي إم 243039، وفي شركة ديلمر بنز الألمانية 320551، وفي شركة جنزل موتورز 692800.

ب. بفضل التطورات الحديثة في سبل الاتصال والعلاقات التجارية، ونقل التكنولوجيا وسهولة تدفق الأموال وحركتها أصبح الاستثمار الأجنبي المباشر احد أهم أساليب التنمية الاقتصادية على مستوى العالم، خاصة العالم النامي، بالرغم من عدم تساوي فرص الدول النامية في جذب هذه الاستثمارات. فالاستثمارات الأمريكية تتجه في معظمها إلى السعودية ودول

أمريكا اللاتينية، أما اليابان فنجد استثماراتها كبيرة في هونج كونج وكوريا الجنوبية وتايلاند، والاتحاد الأوروبي تركز الآن على البرازيل وروسيا والمجر وبولندا وجمهورية التشيك.

ج. تنامي فرص الاستثمار واتساع الأسواق أمام الشركات بسبب التحول الاقتصادي - الاتجاه نحو الأخذ بنظام اقتصاد السوق في الدول الشيوعية السابقة جميعها (25 دولة) ففي البانيا مثلاً تبلغ نسبة مساهمة القطاع الخاص في الناتج القومي حوالي 50% وفي جمهورية التشيك حوالي 65% وفي استونيا والمجر وليتوانيا وبولندا 55%.

د. النمو في اقتصاديات الدول النامية بمعدلات أعلى من الدول المتقدمة حيث بلغ متوسط النمو في الناتج القومي (في الآونة الأخيرة) للدول النامية حوالي 4.7% بينما بلغ 2.7% بالدول المتقدمة.

ه. نمو العلاقات الاقتصادية بين الدول النامية والدول المتقدمة. فمنذ بداية التسعينات تزداد نسبة صادرات الولايات المتحدة إلى الدول النامية بحوالي 12% سنوياً مقارنة بنسبة زيادة قدرها 2% سنوياً لصادراتها إلى الدول المتقدمة، ويتوقع بعض الاقتصاديين أن العقد القادم سوف يشهد نمواً في صادرات الولايات المتحدة للأسواق الكبيرة مثل الصين والهند بنسبة 15% سنوياً. هذا بالإضافة إلى تزايد اعتماد الاتحاد الأوروبي واليابان على الدول النامية في استيراد الكثير من السلع المصنعة خاصة في العقد الأخير من هذا القرن.

ويرجع هذا النمو إلى عدد من الأسباب أهمها:

• ارتفاع الإنتاجية في الدول النامية سيؤدي إلى تخفيض التكلفة للواردات بالنسبة للدول الغنية، وتحسين أو زيادة الدخل الفعلي لهذه الدول (مثال 30% من وإرادات الولايات المتحدة من الملابس تصدرها الدول النامية).

• أن المنافسة المتزايدة بين الدول الصناعية الناشئة سيؤدي أيضاً إلى ارتفاع الكفاءة في استخدام الموارد وكذلك الإنتاجية.

- مع نمو الأسواق العالمية واتساعها فان هذا سوف يؤدي بالمنتجين إلى تحقيق واستغلال مزايا الإنتاج بحجم كبير ومن ثم انخفاض التكاليف الثابتة للوحدة المنتجة، بالإضافة إلى استغلال الابتكارات وارتفاع عائد استغلالها.
- ارتفاع نسبة الاتفاق على بحوث التنمية والتطوير والاستثمار في الموارد البشرية والمشروعات كثيفة رأس المال أو التكنولوجي سوف يؤدي إلى سرعة تحقيق النمو الاقتصادي على مستوى العالم، خاصة أن الدول المتقدمة قد يصعب عليها المحافظة على أسواقها الحالية.
- ومع تحسن الظروف الاقتصادية للدول النامية فإنها سوف تصبح أسواقاً جاذبة للمدخرات والاستثمارات من الدول المتقدمة، في نفس الوقت فان هذه الدول (باعتبارها أسواقاً ناشئة) سوف تحقق للمستثمرين فيها معدلات مرتفعة للعائد على الاستثمار مقارنة بأسواق الدول المتقدمة أو تلك التي تتصف بالبطء في نموها الصناعي، ويمكن إدراك هذا من خلال ارتفاع حجم التدفق للاستثمارات إلى الدول النامية في الفترة من 1988 إلى عام 1993، مقارنة بنظائرها إلى الدول المتقدمة.

5. البيئة التكنولوجية: لا شك أن البيئة التكنولوجية (الفنية) تتغير بدرجة عالية من السرعة، وفي نفس الوقت تؤثر بدرجة كبيرة على ممارسات الأعمال والنشاطات وفرصها على المستوى الدولي. كما أن هذا التغير سوف يستمر في المستقبل. فسهولة تحويل الأموال من بلد إلى آخر والتقدم في المواصلات والاتصالات على النطاق العالمي قدم الكثير من الفرص للاستثمار في الدول النامية. كما ترتب على التقدم التكنولوجي خلق الكثير من الأسواق للشركات متعددة الجنسية التي تتمتع بمستوى عال من التكنولوجي في مجال الاتصالات وخدماتها، ولا يقتصر تأثير التقدم التكنولوجي على ما ذكر من مجالات بل امتد إلى تغيير هيكل العمالة والصناعة وتحويلهما إلى الاعتماد على التكنولوجيا المتقدمة، بالإضافة إلى رفع القدرات التنافسية، وإذا نظرنا إلى الطرق المختلفة التي تظهر تأثير

التكنولوجيا الجديدة على الإدارة الدولية في العشر سنوات القادمة سنجد الآتي:

1. التقدم في التكنولوجيا الحيوية Biotechnology والتي ستساهم في إحداث ثورة في مجال الزراعة والطب والصناعات المرتبطة بهما.
2. الأقمار الصناعية التي ستلعب دوراً رئيسياً في مجالات التعليم والتعلم ونقل المعرفة في كل بقاع الأرض.
3. التليفونات التي تقوم بالترجمة الفورية بشكل آلي سوف تؤدي إلى سهولة الاتصال بين الناس بلغتهم الأم مع أي فرد يمتلك هذا الجهاز في أي مكان بالعالم.
4. تطور صناعة رقائق السيلكون سوف تساعد في تطوير صناعات الحاسبات الآلية العملاقة.
5. ظهور الحاسبات الآلية العملاقة القادرة على حساب أو التعامل مع مليار عملية حسابية في الثانية الواحدة، والحاسبات الناطقة.
6. تطور طرق الدفع عن طريق البريد الالكتروني (E-Cash) سوف يسهل العمليات التجارية والصناعية بشكل غير مسبوق.
7. تطور طرق الاتصالات السلكية واللاسلكية والمواصلات بالدول النامية والأسواق العملاقة الناشئة في آسيا وأفريقيا وغيرها.

5. التنافسية الكونية والاستراتيجيات عالية التنوع:

شهد العقد الأخير من القرن العشرين ارتفاعاً في حدة المنافسة في مختلف الصناعات والنشاطات الإنتاجية، ومن المؤكد أن يستمر هذا الاتجاه في التعاظم مع الدخول في القرن القادم، وهذا يتطلب إعادة النظر في العلاقة بين المنظمات والعملاء بحيث تصبح أكثر ديناميكية عن ذي قبل، وتبنى استراتيجيات عالية التنوع، ويرى البعض أن استمرار ارتفاع حدة المنافسة يرجع إلى عدد من العوامل يمكن تلخيصها على النحو الآتي:

1. إلغاء القيود والإجراءات الحكومية أو تزايد الاتجاه نحو إلغائها (فالمنافسة أحياناً تكون مخططة عندما تقوم الحكومات بإلغاء أي قيود مفروضة على صناعة ما سواء على الدخول أو الخروج منها) وعلى سبيل المثال نجد أن المنافسة في صناعة الاتصالات السلكية واللاسلكية أصبحت أكثر حدة عن ذي قبل.
2. سهولة الحصول على المعلومات وتوافر وتعدد مصادرها وأساليب الحصول عليها، فمثلاً أصبح من السهل على المستهلك أن يقارن ويتأكد من أسعار السلع والخدمات المعروضة من خلال شبكات المعلومات أو الانترنت. كما أصبح من السهل عليه أيضاً التخطيط لكثير من القرارات الخاصة بالشراء أو الاستثمار أو السياحة وغيرها بدون وسيط أو وكيل/ وكالة.
3. العولمة أدت العولمة إلى تعدد وتنوع المنافسين، فالمنافس لشركة ما يمكن أن يكون من أي دولة وليس فقط من داخل الدولة المعنية.
4. الحدود الوهمية أو الهشة بين الصناعات، حيث نجد البنوك مثلاً تقوم ببيع بوالص التأمين أي تدخل صناعة التامين، وتقوم شركات التامين بالتزويج والبيع لمشروعات الاستثمار، كما نجد أن شبكات الانترنت تعمل على نحو ما تقوم به شركات الهاتف/ الاتصالات.
5. الضغوط المكثفة لتخفيض التكلفة وتصغير الحجم، وكذلك تبسيط أو القضاء على ترهل العمليات الإنتاجية وذلك من اجل البقاء.

لقد أدرك كثير من الشركات في الوقت الحاضر أن المحافظة على ولاء المستهلك يتطلب تنمية علاقة طويلة الأجل مع عملائها، ويتطلب هذا الأمر ضرورة أن تتعلم أو تعرف وتدرك هذه الشركات ما هي تفضيلات أو متطلبات العملاء وتقوم بإشباعها باستمرار.

السؤال هو: هل ولاء المستهلك هو العنصر الحاسم في البقاء أو الاستمرار في القرن القادم؟

التنافس الفعال/ المنافسة في القرن القادم، من الطرق الممكن استخدامها للتنافس الفعال في القرن القادم هي التنويع العالي لخط المنتجات، حيث يُمكن من ضمان إشباع حاجات المستهلك وتحقيق ولائه ورضائه بصفة مستمرة وذلك لعدة أسباب:

أ.   أن تنويع خط المنتجات سيجعل من الممكن جداً أن يجد كل مستهلك/ عميل ما يريده ويرغب فيه بالضبط (استراتيجية ما يطلبه المستهلك) أو الاستراتيجية عالية التنوع – HIGH VARIETY STRATEGY.

أي أن تنويع خط المنتجات يعني هنا تنويع تشكيلة السلع (أو الخدمات) وكذلك الألوان والأحجام على كل خط من خطوط المنتجات.

مثال رقم (1): تقوم شركات المشروبات الغازية /كوكا وكولا/ بإنتاج وتسويق كوكا كولا بالكافيين، كوكا كولا بدون كافيين، كوكا كولا بالقهوة، كوكا كولا بالليمون، كوكا كولا بالكرز، وكوكا كولا دايت وغيرها.

مثال رقم (2): مطاعن الفاست فودز التي كانت تقوم بتقديم الهمبرغر على نطاق واسع أصبحت الآن تقدم أكثر من ست أنواع مختلفة من الهمبرغر، والأسماك وأنواع مختلفة من السلطة.

مثال رقم (3): تقوم الشركات التي تنتج الأغذية البقولية بإضافة أنواع مختلفة جديدة من البقوليات بهدف زيادة جاذبية مثل هذه الأنواع من المجموعات أو الأصناف الغذائية.

ب.   إن التنوع في خط المنتجات/ خطوط المنتجات سوف يسمح للعميل/ المستهلك بتوسيع فرص أو مجالات الاختيارات أمامه (استراتيجية البحث عن التنوع VARIERY – SEEKING STRATEGY).

النتيجة: أ+ب يؤدي إلى زيادة حصة الشركة من السوق وزيادة الطلب الأولى على مجموعة من المنتجات أو الأصناف.

لكن لا يجب أن ننسى أن تنوع المنتجات والأصناف سيؤدي إلى تحمل الشركة نفقات إضافية إذا لم تستطع تخفيض تكاليف العمليات، كما أن قد يصعب تحديد إلى أي مدى يمكن التنويع في الأصناف أو إلى أي مدى سيكون التنوع في الأصناف بحيث يحقق رضا المستهلك، وما هو تأثير هذا التنوع على التوزيع، وفي نفس الوقت فان تساؤلاً قد يطرح نفسه:

ألا يؤدي التنوع الزائد في الأصناف إلى وقوع المستهلك أو العميل في حيرة ماذا يختار؟ وفي ظل أي ظرف سوف يرغب هذا العميل في هذا التنوع، وهل هذه الظروف سوف تكون تحت سيطرة رجل التسويق أم لا؟ صحيح أن رجل البيع قد يساعد المستهلك أو يشارك في تعليمه كيف يختار، لكن إلى أي مدى سوف ينجح في ذلك خاصة بالنسبة للسلع التي تحتاج عند قرار شرائها إلى توافر معلومات كثيرة ومتنوعة. كما أن تباين المستهلكين يترتب عليه تبايناً في الاختيارات سواء داخل الدولة الواحدة أو بالأسواق الخارجية.

بعض تساؤلات أخرى يجب طرحها: في ضوء الوضع السابق فان عدداً من التساؤلات تفرض نفسها مثل:

1. هل تساعد عملية تنميط المكونات الداخلية في إنتاج السلعة في تسهيل تنفيذ الاستراتيجيات السابقة وتخفيض التكلفة.

2. هل استخدام تجهيزات وآلات تتصف بالمرونة في الاستخدام أو التعدد فيه يؤدي إلى تخفيض التكلفة، أو أن استخدام الجدولة الآلية وقنوات التوريد المرنة، والبرامج الآلية، والتخطيط الدقيق لنظم المخزون يساعد أيضاً على تخفيض التكلفة؟ وهل يقتصر هذا على السوق المحلي أم يمتد إلى الأسواق الأجنبية.

3. هل يمكن استخدام نظام الإنتاج المستمر لتحقيق مزايا تكاليفية عند تنفيذ الاستراتيجية عالية التنوع في الأصناف المنتجة؟

4. ما هو المقدار الذي يمكن تقديمه من الأصناف المتنوعة؟

4. 1. هل تساعد عملية التنميط القطاعي في الإجابة على هذا التساؤل؟ أي يتم تقسيم السوق إلى قطاعات محددة ويقدم لكل قطاع عدة خيارات أو أصناف مختلفة (على النطاق المحلي؟ على النطاق الدولي)؟

4. 2. هل يمكن أن تساعد عملية القيام بتقديم المكونات الخاصة بالسلعة للمستهلك/ العميل، ثم يقومون بتحديد ما يناسب أو يلائم حاجاتهم سواء قاموا بأنفسهم بذلك أو قام المنتج بتحديد أو تنفيذ النمط الذي يطلب منه... في الإجابة على نفس التساؤل رقم 4.

4. 3. هل يمكن الإجابة على التساؤل السابق من خلال قيام المستهلك/ العميل بتقديم نموذج للسلعة ومعلومات أخرى أو مواصفات أو توجيهات يقدمها ثم يتم تصميمها وإنتاجها طبقاً لذلك (مثال ذلك رغبة احد الأشخاص في تفصيل بدلة عادة ما يقوم بتقديم موديل أو صورة فوتوغرافية لبدلة وبعض عينات للأقمشة).

5. هل يمكن خلق التنوع من خلال السلع النمطية على النطاقين المحلي والكوني؟

6. هل يمكن أن تتزايد رغبة المستهلكين في التنويع محلياً وخارجياً؟

6. 1. هل يؤدي تغير مناخ المحلات والديكور مثلاً إلى ذلك؟

6. 2. هل يمكن أن تزيد النظافة ونشر الروائح العطرية بالمحلات إلى ذلك؟

6 . 3. هل تزداد رغبة المستهلك بتنوع الأصناف كنتيجة لتعلم رجل التسويق ومعرفته بتفضيلات هذا المستهلك؟

6 . 4. هل يساعد التعاون بين المستهلك/ العميل ورجل التسويق، في فهم بعضهم البعض، في زيادة درجة رضا العميل/ المستهلك؟

6 . 5. هل يستطيع رجل التسويق إدارة توقعات المستهلك؟ وكيف يمكنه إدارة جودة الخدمات بفعالية؟

وبخصوص التنافسية الكونية Global Competitiveness فتجدر الإشارة إلى ما يلي:

1. أصبحت الجودة الشاملة واحدة من أهم القضايا أو التحديات التي تؤثر على الشركات العالمية في الأسواق الدولية، فالمستهلك في السوق العالمي لا يهتم كثيراً بمن من الشركات تقدم له السلعة أو الخدمة التي يريدها. أنه ببساطة شديد الاهتمام بمن يستطع تلبية أو مقابلة توقعاته وما يزيد عن هذه التوقعات، ولهذا نجد المستهلك الذي يشتري سيارة لا يهتم كثيراً باين يقع المركز الرئيسي للشركة المنتجة للسيارة التي اشتراها. انه يريد سيارة تعمل بشكل جيد وخالية من العيوب، وتتصف بالصلابة والأمان والقوة وتكون معمرة لأطول فترة ممكنة بالإضافة إلى السعر المناسب بغض النظر عما إذا كانت شركة يابانية أو أمريكية أو كورية هي التي قامت بإنتاجها أو تجميعها، وينطبق نفس المثال على كثير من السلع الأخرى (التلفزيون، الراديو، الفيديو... الخ)، لهذا فان الشركات العالمية/ متعددة الجنسيات يجب أن تعطي اهتماماً للجودة الشاملة.

2. إن التعارض بين التكلفة والجودة أو العلاقة بينهما قد تبدو لغزاً، فالافتراض التقليدي يقول أن ارتفاع درجة الرقابة على الأداء يترتب عليه تقليل الأخطاء وتحسين الجودة وفي نفس الوقت ارتفاع التكلفة نتيجة ارتفاع درجة

الرقابة والإشراف... الخ)، لذلك فان الشركة المعنية تحاول تقديم سلعة بمستوى جودة معقول وبسعر منخفض، أي أن العلاقة عكسية بين مستوى الجودة وحجم التكلفة.

والحقيقة أن الممارسات والتجارب وكذلك نتائج البحوث تشير إلى أن ارتفاع مستوى الجودة كنتيجة للجهود البحثية والتطوير والرقابة... وغيرها يترتب عليه تقليل عدد الوحدات المعيبة والأخطاء في التصنيع وتقليل الفاقد من الموارد، وهذا يترتب عليه انخفاض تكلفة الوحدة المنتجة بالمقارنة بحالة الإنتاج الذي يحتوي على كمية كبيرة من الوحدات التالفة أو المعيبة، وهذا ما لم يدركه الكثير من الشركات العالمية أو المحلية.

3. إن الابتكار هو التحدي الدائم أمام الشركات متعددة الجنسيات/ العالمية، وفي هذا المجال يشير بورتر إلى أن مفتاح نجاح الشركات متعددة الجنسيات في تحقيق مركزاً تنافسياً على المستوى الكوني هو القدرة على الابتكار بصفة مستمرة، وعلى سبيل المثال نجد أن شركة ثري أم 3M تحقق نسبة 30% من دخلها السنوي من وراء الابتكارات الجديدة، وفي عام 1990 تلقت هذه الشركة 350000 اختراع جديدة، ووصل هذا الرقم إلى 500000 اختراع في عام 1994، الأمر الذي أدى إلى ارتفاع قدرة الشركة على مضاعفة دورة حياة المنتجات من خلال تخفيض التكلفة والتالف أو الهدر، وفي ضوء هذه التجربة وتجارب بعض الشركات الأخرى يمكن للشركات المعنية أن تزيد من ابتكاراتها وتحسن من جودة منتجاتها من خلال:

أ. استقطاب خبراء من خارج الشركة وتشجيع العلماء على تقديم الابتكارات الجديدة من خلال الدعم المالي المناسب.

ب. تشجيع الابتكارات التي تحتوي على رؤية خاصة To Stimulate Innovation that Involves or Having Vision. حيث تقوم الشركة بتكوين رؤية عن متطلبات السوق في المستقبل ثم تبتكر السلعة أو

الخدمة بناء على هذه الفكرة (من أمثلة هذه الشركات شركة كانون Canon).

ج. استخدام أو تطبيق مدخل النماذج/ الأطر المرجعية بنجاح.

استخدام مدخل الأطر المرجعية (البنشماركية):

حالة شركة زيروكس العالمية Xerox:

أولاً: عرض الحالة: لسنوات طويلة وشركة زيروكس Xerox Corp تتمتع بنمو وازدهار في المبيعات والأرباح من خلال إنتاجها وبيعها لآلات التصوير الضوئي وتمتعها الحصري بحقوق الابتكار على مستوى العالم في هذا المجال، ولا شك أن قيام زيروكس بإنتاج مثل هذه الآلات أدى إلى تغييرات كبيرة في طرق انجاز الكثير من الأعمال التي كان يقوم بها الأفراد في جميع المنظمات، وفي أواخر السبعينات بدأت زيروكس تمنح امتيازات أو عقود ترخيص لكثير من الشركات لإنتاج والدخول في عالم صناعة وتكنولوجيا التصوير، كما بدأت في نفس الفترة تتقادم براءات الاختراع الخاصة بالشركة، فضلاً عن أن دخول شركات كثيرة في هذا المجال أدى إلى رفع درجة المنافسة بينها وبينهم، فاليابانيون على سبيل المثال بدأوا التركيز (في إنتاج الآلات التصوير والطباعة) على قطاعات سوقية تتصف بالاتي:

1. صغر حجم السوق (أو القطاع) ومن ثم حجم المبيعات فيه.
2. انخفاض تكلفة القطاع السوقي (أي تكلفة الوصول إليه وخدمته... الخ).
3. حاجتها إلى ارتفاع مستوى الخدمة المطلوبة في الآلات بالمقارنة بتلك التي تقدمها شركة زيروكس.

كما تميزت الشركات اليابانية بانخفاض أسعار آلات التصوير التي تبيعها، بالإضافة إلى ذلك قيام اليابانيون بتطوير تصميم الآلات وتحسنيه، بدرجة

جعلتها أكثر تميزاً عن غيرها، وكذلك بتطوير عمليات التصنيع وتخفيض تكلفة الرقابة وأساليبها التي أدت بالتالي إلى تخفيض تكلفة الصنع.

في نفس الوقت بدأت شركة زيروكس تعاني من تفاقم مشكلة البيروقراطية في مجالات انجاز الأعمال بالإضافة إلى أنها قامت بالاستحواذ على عدد من الشركات ذات مستوى عال من التقدم التكنولوجي (بنهاية السبعينات) بهدف تقديم أفكاراً ومنتجات جديدة، لكن البيروقراطية وبطيء الانجاز حال دون الاستفادة من الأفكار الجيدة والعديدة التي قدمتها الشركات المشتراة التي كان من الممكن أن تصنع أو تعيد المركز التنافسي لمنتجات الشركة كما كان عليه من قبل.

وفي الثمانينات فوجئت الشركة بان اليابانيون يحققون أكثر من 40% كمزايا تنافسية في مجال التكاليف بالنسبة لآلات التصوير، وان حصتها في السوق بدأت في التدهور، في هذا الموقف وجد المركز التنفيذي CEO الجديد لزيروكس أن الشركة تواجه اثنين من التحديات: كيف يمكن استعادة وتعويض خسارتها لحصتها من السوق، وإعادة بناء ودعم الروح المعنوية للعاملين.

ثانياً: ماذا تم؟

1. قام المدير التنفيذي الجديد لزيروكس بتصميم حملة أو أعداد برنامج جديد تحت عنوان القيادة من خلال الجودة Leadership Through Quality بهدف تحسين الجودة، وتخفيض تكلفة الإنتاج، وقد شملت حملة هذه ثلاث عناصر:

أ. استخدام فكرة أو منهج البنشماركية أي الأطر المرجعية التنافسية Competitive Benchmarking كأساس فعال.

ب. رفع درجة انغماس ومشاركة العاملين.

ج. تصميم برنامج لتطوير وتحسين الجودة.

وقد تم استخدام الإطار المرجعي كأسلوب لتحليل التكلفة، حيث تم تجميع معلومات عن التكاليف لدى المنافسين أولاً، وتم وضع مستويات ومعايير صارمة للرقابة على عناصر التكلفة.

(والإطار المرجعي الذي استخدمته الشركة تمثل في الشركات التي تقوم بإنتاج آلات التصوير بتكلفة منخفضة) وفي هذا الخصوص قامت الشركة بشراء أحدى آلات التصوير التي تنتجها إحدى الشركات المنافسة، ثم قام الخبراء داخل مختبرات زيروكس بفك وتحليل الآلة ودراسة كل جزء فيها بهدف معرفة أو تحديد تكلفة تصميم وإنتاج كل جزء على حدة، بهذا تستطيع زيروكس تقدير التكلفة الكلية لإنتاج الآلة، وبناء عليه قام الخبراء بتحديد أو تقدير للتكلفة المعيارية ومستوى الرقابة عليها بالنسبة لي آلة سوف تنتجها الشركة.

ثم قامت زيروكس أيضاً باستخدام فكرة الإطار المرجعي في أنواع أخرى من التكاليف مثل تكلفة المناولة، والتوزيع، وكان النموذج/ الإطار المرجعي هنا هو شركة كوداك Kodak حيث قامت زيروكس بشراء عدد من آلات التصوير التي تنتجها كوداك لمعرفة وتحديد من أين يتم شحنها وكيفية تغليفها.

كما قامت شركة زيروكس باستخدام اطر مرجعية أخرى تمثلت في شركات غير منافسة لها وذلك في مجالات إدارة الإمداد والتموين، ومجالات التوزيع ونظم التخزين (من بين هذه الشركات شركة "ل. ل. بين L.L.Bean" التي تتخصص في توزيع السلع الرياضية (التي تتميز بدرجة كبيرة في نظام تخزينها لهذه السلع وكذلك تطبيقها لنظام دوائر الجودة) خاصة أن سلعها تتشابه من حيث حجم الأجزاء المكونة لآلات زيروكس وكذلك الموردين المتعاملين معها ومستوى الخدمات المطلوبة لذلك).

في هذا الشأن قام فريق الإطار المرجعي لزيروكس بزيارة للشركة المذكورة وفروعها في (فري بورت ومين) لدراسة تصميم المخازن والعمليات المختلفة بهدف العودة بأفكار مفيدة لتطوير عمليات التخزين في زيروكس.

استطاعت زيروكس أيضاً من خلال برنامج دعم وتعميق مشاركة وانغماس العاملين في الرأي والمشورة رفع مستوى الجودة، وتم هذا من خلال إرسال عدد من العاملين لمشاهدة ودراسة فكرة أو نظام عمليات دوائر الجودة في اليابان Quality Circle حيث قامت ببناء أي إدخال نظام دوائر الجودة في مختلف أقسام الشركة، وترتب على هذا تخفيض كبير بلغ ملايين الدولارات في تكاليف العمليات، كما ركزت الشركة على ضرورة رقابة جودة العمليات ذاتها من خلال قيام العاملين بالتفتيش والتأكد من مستوى الجودة أثناء العمليات.

أذن من خلال الأطر المرجعية التنافسية استطاعت زيروكس تحسين جودة منتجاتها، وقامت ليس فقط بتطبيق معايير الجودة التي يطبقها المنافسون بل أيضاً التشديد على استخدام معايير أخرى أكثر دقة وصرامة، كما ركزت الشركة على تخفيض تكاليف الجودة ذاتها.

د. توليد منتجات جديدة Product Proliferation وينطوي هذا المدخل على خلق اكبر عدد أو تشكيلة منتجات لا يستطيع المنافسون تقليدها في الأجل القصير.

المراجع:

1. إدارة الأعمال في المنظمات المعاصرة، د. صديق محمد عفيفي، مكتب عين شمس، 2003.
2. إدارة المستقبل القيادة ... التفكير ... التسويق، د. عبد الرحمن توفيق، القاهرة، 2003.
3. إدارة المخاطر الأمنية بالمنشآت، لواء شريف السماحي، القاهرة، 2008.
4. مبادئ العلاقات العامة، د. سعادة الخطيب، دار البداية، 2009.
5. الإدارة العامة، د. زاهد الديري، دار كنوز المعرفة، 2009.
6. مبادئ الاقتصاد الجزئي، د. عماد حسنين الصعدي، دار المسيرة، 2001.
7. نظرية المنظمة، د. عبد الرزاق الرحاحلة، مكتب المجتمع العربي، 2009.
8. الرقابة الإدارية، د. علي عباس، دار وائل للنشر، 2007.
9. نظرية التنظيم الإداري، د. عواد أحمد أبو خلف، مكتبة الميدان، 2007.

المحتويات

Printed in the United States
By Bookmasters